G000145005

COLLECTION POÉSIE

JULES SUPERVIELLE

Le forçat innocent

SUIVI DE

Les amis inconnus

GALLIMARD

ISBN 2-07-030266-0

Le forçat innocent

Le forçat

A Jean Paulhan

LE FORÇAT

Je ne vois plus le jour
Qu'au travers de ma nuit,
C'est un petit bruit sourd
Dans un autre pays.
C'est un petit bossu
Allant sur une route,
On ne sait où il va
Avec ses jambes nues.
Ne l'interroge pas,
Il ignore ta langue
Et puis il est trop loin,
On n'entend plus ses pas.

Parfois, quand je m'endors,
La pointe d'un épi
Déserte mon enfance
Pour me trouver ici.
Épi grave et pointu,
Épi que me veux-tu?
Je suis un prisonnier
Qui ne sais rien des champs,

Mes mains ne sont plus miennes,
Mon front n'est plus à moi
Ni mon chien qui savait
Quand j'étais en retard.

Puisqu'au ciel grillagé
L'étoile des prisons
Vient briser ses rayons
Sans pouvoir me toucher,
Avec un brin de paille,
Un luisant bout de bois
Et le cil d'une femme
Approchons d'autrefois.
Mais vous vous en allez
Sans atteindre mon cœur,
Brindilles du bonheur,
Mes mains sont surveillées.

Vous dont les yeux sont restés libres,
Vous que le jour délivre de la nuit,
Vous qui n'avez qu'à m'écouter pour me répondre,
Donnez-moi des nouvelles du monde.
Et les arbres ont-ils toujours
Ce grand besoin de feuilles, de ramilles,
Et tant de silence aux racines ?
Donnez-moi des nouvelles des rivières,
J'en ai connu de bien jolies,
Ont-elles encor cette façon si personnelle
De descendre dans la vallée,
De retenir l'image de leur voyage,
Sans consentir à s'arrêter.

Donnez-moi des nouvelles des mouettes
De celle-là surtout que je pensai tuer un jour.
Comme elle eut une étrange façon,
Le coup tiré, une bien étrange façon
De repartir!
Donnez-moi des nouvelles des lampes
Et des tables qui les soutiennent
Et de vous aussi tout autour,
Porte-mains et porte-visages.
Les hommes ont-ils encore
Ces yeux brillants qui vous ignorent,
La colère dans leurs sourcils,
Le cœur au milieu des périls?
Mais vous êtes là sans mot dire.
Me croyez-vous aveugle et sourd?

Et voici la muraille, elle use le désir,
On ne sait où la prendre, elle est sans souvenirs,
Elle regarde ailleurs, et, lisse, sans pensées,
C'est un front sans visage, à l'écart des années.
Prisonniers de nos bras, de nos tristes genoux,
Et, le regard tondu, nous sommes devant nous
Comme l'eau d'un bidon qui coule dans le sable
Et qui dans un instant ne sera plus que sable.
Déjà nous ne pouvons regarder ni songer,
Tant notre âme est d'un poids qui nous est étranger
Nos cœurs toujours visés par une carabine
Ne sauraient plus sans elle habiter nos poitrines.
Il leur faut ce trou noir, précis de plus en plus,
C'est l'œil d'un domestique attentif, aux pieds nus.
Œil plein de prévenance et profond, sans paupière
A l'aise dans le noir et l'excès de lumière.

Si nous dormons il sait nous voir de part en part,
Vendange notre rêve, avant nous veut sa part.
Nous ne saurions lever le regard de la terre
Sans que l'arme de bronze arrive la première,
Notre sang a besoin de son consentement,
Ne peut faire sans elle un petit mouvement,
Elle est un nez qui flaire et nous suit à la piste,
Une bouche aspirant l'espoir dès qu'il existe,
C'est le meilleur de nous, ce qui nous a quittés,
La force des beaux jours et notre liberté.

Pierre, pierre sous ma main
Dans ta vigueur coutumière,
Pleine de mille lumières
Sous un opaque maintien,
Bouge enfin, je te regarde,
Et même si longuement
Que j'en suis sans mouvement,
Montre ce que tu sais faire,
Montre que tu peux me voir,
Tu me caches ton pouvoir,
Faux petit os de la terre,
Ne te souviens-tu de rien,
Au fond de toi cherche bien :
Tu pleurais dans les ténèbres.

Les pierres du chemin, ah comment se fait-il
        Qu'elles soient devenues
Les yeux des cerfs errants, des biches et des loups,
Et les yeux du cheval qui s'en allait sans ruses
Se peut-il que ce soient deux cailloux dans le fleuve ?

Tournez-vous par ici, mes bêtes galopantes,
Au secours, j'ai besoin de chacune de vous,
Troupeau de taurillons, chevaux faiseurs d'espaces,
Personne n'est de trop pour consoler un fou,
Ah j'ai même besoin des bêtes qui se cachent
Et du grain de maïs au fond d'un sac perdu.

Pierre, obscure compagnie,
Sois bonne enfin, sois docile,
Ce n'est pas si difficile
De devenir mon amie.
Quand je sens que tu m'écoutes
C'est toi qui me donnes tout.
Tu es distraite, tu pèses,
Tu me remplis la main d'aise
Et d'une douceur sans bruit.
Le jour, tu es toute chaude,
Toute sereine la nuit,
Autour de toi mon cœur rôde,
Le tien qui s'est arrêté
Me ravit de tous côtés.

CŒUR

à Pilar

Il ne sait pas mon nom
Ce cœur dont je suis l'hôte,
Il ne sait rien de moi
Que des régions sauvages.
Hauts plateaux faits de sang,
Épaisseurs interdites,
Comment vous conquérir
Sans vous donner la mort?
Comment vous remonter,
Rivières de ma nuit
Retournant à vos sources
Rivières sans poissons
Mais brûlantes et douces.
Je tourne autour de vous
Et ne puis aborder,
Bruits de plages lointaines,
O courants de ma terre
Vous me 'chassez au large
Et pourtant je suis vous,

Et je suis vous aussi
Mes violents rivages,
Écumes de ma vie.

Beau visage de femme,
Corps entouré d'espace,
Comment avez-vous fait,
Allant de place en place,
Pour entrer dans cette île
Où je n'ai pas d'accès
Et qui m'est chaque jour
Plus sourde et insolite,
Pour y poser le pied
Comme en votre demeure,
Pour avancer la main
Comprenant que c'est l'heure
De prendre un livre ou bien
De fermer la croisée.
Vous allez, vous venez,
Vous prenez votre temps
Comme si vous suivaient
Seuls les yeux d'un enfant.

Sous la voûte charnelle
Mon cœur qui se croit seul
S'agite prisonnier
Pour sortir de sa cage.
Si je pouvais un jour
Lui dire sans langage
Que je forme le cercle
Tout autour de sa vie!

15

Par mes yeux bien ouverts
Faire descendre en lui
La surface du monde
Et tout ce qui dépasse,
Les vagues et les cieux,
Les têtes et les yeux!
Ne saurais-je du moins
L'éclairer à demi
D'une mince bougie
Et lui montrer dans l'ombre
Celle qui vit en lui
Sans s'étonner jamais.

SOLEIL

Soleil, un petit d'homme est là sur ton chemin
Et tu mets sous ses yeux ce qu'il faut de lointains.
Ne sauras-tu jamais un peu de ce qu'il pense ?
Ah tu es faible aussi, sans aucune défense,
Toi qui n'as que la nuit pour sillage, pour fin.
Et peut-être que Dieu partage notre faim
Et que tous ces vivants et ces morts sur la terre
Ne sont que des morceaux de sa grande misère,
Dieu toujours appelé. Dieu toujours appelant,
Comme le bruit confus de notre propre sang.

Soleil, je suis heureux de rester sans réponse,
Ta lumière suffit qui brille sur ces ronces.
Je cherche autour de moi ce que je puis t'offrir.
Si je pouvais du moins te faire un jour chérir
Dans un matin d'hiver ta présence tacite,
Ou ce ciel dont tu es la seule marguerite,
Mais mon cœur ne peut rien sous l'os, il est sans voix,
Et toujours se hâtant pour s'approcher de toi,
Et toujours à deux doigts obscurs de ta lumière,
Elle qui ne pourrait non plus le satisfaire.

Montagnes et rochers, monuments du délire,
Nul homme ne nous voit, écoutez sans détours
Mon cœur grondant au fond des gorges et des jours.
Et comprenez mes yeux gelés de rêverie.

Mêlons-nous sous le ciel qui n'a pas de sursauts,
Que je devienne un peu de pierraille ou de roche
Pour t'apaiser, cœur immortel, qui me reproches
D'être homme, courtisan d'invisibles corbeaux.

Solitude au grand cœur encombré par les glaces,
Comment me pourrais-tu donner cette chaleur
Qui te manque et dont le regret nous embarrasse
      Et vient nous faire peur?

Va-t'en, nous ne saurions rien faire l'un de l'autre,
Nous pourrions tout au plus échanger nos glaçons
Et rester un moment à les regarder fondre
Sous la sombre chaleur qui consume nos fronts.

O montagnes décrépites,
Quel mouvement vous agite
Et quel autre vous arrête
Quand vous sembliez être prêtes
A vous élancer au loin,
Lâches, lâches enjambées
Refusant votre destin.
O tristesse en plein soleil,
Même les herbes s'y mettent
Et chacun voudrait sa part,
Voyez, même le lézard.

QUATRE HEURES DU MATIN

Qu'espères-tu de ces gravures
Pour toujours privées de lumière
Et que nul ne touchera
Dans ce coffre au-delà des mers?

Si nul n'est dans ce coin pourquoi le regarder.
Qu'espères-tu de l'espace
Qui se raidit devant toi,
De cette ombre sur le fauteuil
Qui s'avance en se cachant
Comme une maladie mortelle?

Ah prends garde à la voix du vagabond sans corps
Et sans plus de figure
Qui se sert de tes yeux, de tes mains, pour écrire
Ces vers tremblant de voir le jour.

CHAMBRE D'HÔTEL

à Benjamin Crémieux

Et l'un accroche à la patère un manteau brouillé par
la rue,
L'autre regarde son burnous et le retourne, puis le
hume.
Et l'autre accorde son lit comme un violon pour la
nuit.
Il y glisse ses jambes maigres.
Cent visages font frissonner l'armoire à glace, même
un nègre.
Et un Arabe qui bâille.
C'est en vain que la servante veut les effacer le matin.
Je vous dis que ce sont des spectres
Et que toute la chambre hésite captive de ces
destins
Devant le nouveau voyageur qui s'obstine à être moi-
même
Et se penche sur la pendule

Mais le cadran feint le sommeil.
Ce lit où je suis couché comme il devient grave et
    secret,
Comme mes draps sont immobiles et voudraient
    m'immobiliser!
Mais il me faut encor des routes, j'ai un grand besoin
    de villages,
Et tout le long des continents d'aller sentant grandir
    mon âge.
Mes yeux bleus vont me dévorer avec toute leur faim
    nocturne.
Pour me réclamer des visions ils me réveillent, me
    bousculent,
Il faut encore au fond de moi leur préparer un sacrifice,
Même au plus nu de la nuit leur imaginer un délice.
Pourtant je ne suis qu'un homme qui reconnaît mal
    son cerveau,
Et dont le cœur murmurant veut s'expliquer à nouveau
Depuis le commencement,
Dans ce lit posé sur l'Afrique
Et cherchant d'autres appuis.

Kairouan, 1927.

Saisir

SAISIR

Saisir, saisir le soir, la pomme et la statue,
Saisir l'ombre et le mur et le bout de la rue.

Saisir le pied, le cou de la femme couchée
Et puis ouvrir les mains. Combien d'oiseaux lâchés

Combien d'oiseaux perdus qui deviennent la rue,
L'ombre, le mur, le soir, la pomme et la statue.

> Mains, vous vous userez
> A ce grave jeu-là.
> Il faudra vous couper
> Un jour, vous couper ras.

*

Ce souvenir que l'on cache dans ses bras, à travers la
    fumée et les cris,
Comme une jeune femme échappée à l'incendie,

Il faudra bien l'étendre dans le lit blanc de la mémoire,
 aux rideaux tirés,
Et le regarder avec attention.
Que personne n'entre dans la chambre!
Il y a là maintenant un grand corps absolument nu
Et une bouche qu'on croyait à jamais muette
Et qui soupire : « Amour », avec les lèvres mêmes de
 la vérité.

　　　　　　　　　★

　　　Grands yeux dans ce visage,
　　　Qui vous a placés là?
　　　De quel vaisseau sans mâts
　　　Êtes-vous l'équipage?

　　　Depuis quel abordage
　　　Attendez-vous ainsi
　　　Ouverts toute la nuit?

　　　Feux noirs d'un bastingage
　　　Étonnés mais soumis
　　　A la loi des orages.

　　　Prisonniers des mirages,
　　　Quand sonnera minuit
　　　Baissez un peu les cils
　　　Pour reprendre courage.

*

Vous avanciez vers lui, femme des grandes plaines,
Nœud sombre du désir, distances au soleil.

Et vos lèvres soudain furent prises de givre
Quand son visage lent s'est approché de vous.

Vous parliez, vous parliez, des mots blafards et nus
S'en venaient jusqu'à lui, mille mots de statue.

Vous fîtes de cet homme une maison de pierre,
Une lisse façade aveugle nuit et jour.

Ne peut-il dans ses murs creuser une fenêtre,
Une porte laissant faire six pas dehors ?

*

Saisir quand tout me quitte,
Et avec quelles mains
Saisir cette pensée,
Et avec quelles mains
Saisir enfin le jour
Par la peau de son cou,
Le tenir remuant

Comme un lièvre vivant ?
Viens, sommeil, aide-moi,
Tu saisiras pour moi
Ce que je n'ai pu prendre,
Sommeil aux mains plus grandes.

*

Un visage à mon oreille,
Un visage de miroir,
Vient s'appuyer dans le noir.
« Beau visage, reste, veille,
Reste et ne t'alarme pas.
C'est un homme et son sommeil
Qui sont là proches de toi,
Fais qu'ils pénètrent tous deux
Dans le bois de mille lieues
Aux feuilles toutes baissées
Comme paupières fermées,
Territoire où les oiseaux
Chantent sous leurs ailes closes
Et se réveillent à l'aube
Pour se taire et regarder.
— Dors, j'écoute et je regarde
Si la Terre est toujours là,
Si les arbres sont les arbres,
Si les routes obéissent,
Et si l'étoile novice
Que tu découvris hier
Brille encor dans le ciel lisse
Et s'approche de notre air.
Dors, tandis que les maisons

Dans leur force et leurs étages
Lasses de passer les âges
Disparaissent un instant.
— Est-ce bien toi que j'entends
A travers ce grand sommeil,
Chaîne blanche de montagnes
Qui me sépare de toi ?
Suis-je sur la vieille Terre
Où les distances ressemblent
A ces lignes de nos mains,
Nul ne sait qui les assemble ?
— Sur chaque herbe et chaque tige
Sur les plus fuyants poissons
Je veille et te les préserve,
Je les sauve pour demain.
Et tu trouveras aussi
Pour te déceler le monde
Les insectes, la couleur
Des yeux et le son des heures.
Vienne le sommeil te prendre.
Déjà ton lit se souvient
D'avoir été un berceau.
Que tes mains s'ouvrent et laissent
S'échapper force et faiblesses,
Que ton cœur et ton cerveau
Tirent enfin leurs rideaux,
Que ton sang s'apaise aussi
Pour favoriser la nuit. »

Je suis si loin de vous dans cette solitude
Qu'afin de vous atteindre
Je rapproche la mort de la vie un moment
Et vous saisis les mains, chers petits ossements.

Dans la chambre où je fus rêvait un long lézard
Qu'embrasait un soleil ignoré par le ciel,
Des oiseaux traversaient le haut toit sans le voir,
Je me croyais masqué par mon propre secret.

Des visages nouveaux formés par le hasard
Riaient et sans que l'on perçût le moindre rire.
L'air était naturel mais il était sans bruit,
Tout semblait vivre au fond d'un insistant regard.

Comme se dévoilait l'épaule d'une femme,
Un homme qui sortit d'un pan profond du mur
Me dit en approchant son corps plus que son âme :
« Comment avez-vous fait pour venir jusqu'ici,

Votre visage est nu comme une main qui tremble.
Vous avez beau cacher vos yeux et vos genoux.
Chacun vous vit entrer et nul ne vous ressemble,
Allez-vous-en, le jour même, ici, vous déroute

Et rien entre ces murs jamais ne songe à vous. »

LA MALADE

Sur un lit si lointain qu'il en devient tout sombre,
Que je vous touche enfin avec les mains du songe!

La fièvre entre chez vous, dérange vos papiers,
Elle ouvre des tiroirs, rougit de vos secrets,
Vous percevez des pas, une hâte sans fin
Dans votre corps sans jour comme un long souterrain.

Et votre bras rameur, sous le vent des ténèbres,
      Pend et cherche la mer.

Il frôle le parquet, la vague se refuse,
Il cherche alors l'écume et croit la caresser.

Autour de votre lit, sur des barreaux légers,
Les oiseaux de l'amour meurent sans se dédire.

      On les emporte sans mot dire
      Vers de basculants escaliers.

Je cherche autour de moi plus d'ombre et de douceur
Qu'il n'en faut pour noyer un homme au fond d'un puits.
Encore un peu de noir, d'étoiles, de fraîcheur,
Versez, mains, et vous, cils, votre restant de nuit.

Il est place pour vous
Dans ces rumeurs obscures
Encerclant à la fois
Le vivre et le mourir.

Il est place pour vous,
Approchez, tendre ami, aux lèvres étonnées,
Gardiennes du plaisir
Qui tourne loin de nous.

Soyons seuls un moment
Dans un monde d'aveugles.
Milliards de paupières
Autour de nous fermées.

Je nage sous la vague, abri de mon amour.
Les algues ont l'odeur et le goût de la lune.
Poissons des jours heureux, avez-vous vu son corps
Dont brille le contour qui fait si belle écume?

Goëlands du sommeil, on vient vous réveiller,
Tournez là-haut, veillez, plumes, cœurs éperdus,
Au secours, flots vivants, profondes étincelles,
Dirigez le plongeur qui ne respire plus!

Livrez vos mains aux miennes,
Écoutez la rumeur :
Nos âmes attardées
Viennent de leurs frontières.

Voici qu'elles se touchent.
C'est l'ombre et la lumière
Qui se croient immobiles
Et tremblent de changer.

*

Dans votre grand silence
Vous avez l'air de dire
Un chant irréparable
Qui part de la montagne
Et gagne au loin la mer.

Une à une les choses
Vont douter de leurs gonds.

Un cœur de l'an dernier?
Un cœur de l'an prochain
Habite nos poitrines.
Déjà tout se souvient :
Ce nuage, le mont, le paquebot, sa route,
Et ce grand ciel partout
Qui nous lia les mains.

Ne tourne pas la tête, un miracle est derrière
Qui guette et te voudrait de lui-même altéré :
Cette douceur pourrait outrepasser la Terre
Mais préfère être là, comme un rêve en arrêt.

Reste immobile, et sache attendre que ton cœur
Se détache de toi comme une lourde pierre.

Écoutez : c'est mon nom que j'entends, qu'elle crie.
Je ne suis que silence et je baisse les yeux.
Seigneurs de l'altitude et des ravins poudreux,
Vous qui me regardez, vous qui me connaissez,
            Ai-je perdu la vie?

Est-ce encor moi malgré
Son visage en allé
Et ses jambes qui fuient
Dans la soie de la nuit
Et mon cœur sans raison
Près des volets fermés
Et ce grand mouvement
Au fond de la maison
Et ce qu'elle m'a pris
Dans ses sombres bagages?

Ce qu'elle a négligé.

39

LE CŒUR ET LE TOURMENT

Il tremble de savoir si c'est d'elle ou de vous
Ce cœur qui prend la fuite et ne veut pas répondre,
Ne l'interrogez pas, négligez-le dans l'ombre,
Feignez de ne pas voir ses confuses amours.

Affairé sous des yeux dont change la couleur
Il bat en étourdi dans sa maison charnelle
Dont les volets sont clos la nuit comme le jour,
Et croit que ciel et mer sont étoiles jumelles

Devant lui pensez bas, il entend les désirs,
Les secrets se former et l'amour se parfaire,
Mais prenez garde, il ne sait rien de sa misère,
Ayant même oublié ce qu'on nomme mourir.

*

Pour ce ciel encor vif de couleurs et de flèches
Où passent des oiseaux prisonniers d'un long jour,
Pour ces doigts pénétrés par l'ombre des caresses

Et qu'un frisson du soir vient chercher par dessous,
Pour cet arbre si proche et qui déjà ressemble
A de beaux souvenirs remuant dans leurs cendres,
Pour la Terre profonde où nous sommes couchés,
Pour ce miroir plaintif sous le ciel renversé.

*

Qu'elle ouvre la fenêtre ou qu'elle avance un pied,
La maison sous le jour le sait et le murmure
Et mes frères les murs, pris dans leur âme dure
Comprennent comme moi qu'une femme a bougé.

Quand elle dort, le ciel aux changeantes figures
Retient de son sommeil les secrets mouvements.
Être homme ou minéral, d'air pur ou de tourment
C'est attendre quelqu'un qui tarde à s'éveiller.

*

Vous donnez à mon ciel une aimante couleur
Et me renouvelez mes bois et mes rivières.
Est-ce un bouleau là-bas, un chêne, un peuplier?
Ah! je ne réponds plus des arbres de la Terre!

Je ne veux rien savoir, sachant que je vous vois,
Que c'est bien vous, contour de femme et de surprise,
Votre visage vrai, vos yeux de bon aloi,
Vous, prête à vous enfuir et pourtant si précise.

*

Approchez-vous, baissez les yeux sur mon amour,
Que je cherche en vos mains une chère figure
Pour vivre et m'en aller encor le long des jours
Périssables avec une douceur qui dure.

Ces veines, bleus ruisseaux ne faisant pas de bruit,
Je les veux suivre au bout de leur grande aventure
Qui va du poignet mince au fond des doigts subtils,
Toujours sous le regard perdu de la nature.

Après avoir erré dans d'étranges pays,
Je fermerai la porte aux formes de la Terre
Et, tenant dans mes mains vos paumes prisonnières,
Je referai le monde et les nuages gris
Et les oiseaux qui vont se poser sur la mer.

*

Quand la voix du retour murmure : par ici,
Voici ta chaise obscure et voici ta fenêtre,
Voici ton lit qui sait le secret de ton être,
Il faut les reconnaître après ces jours d'oubli.
Oublie les belles mains et les yeux du voyage,
Écoute les raisons de tes murs restés sages
C'est par ici, te dis-je, par ici.
Quelqu'un t'a pris la main qui t'attendait aussi
Pour écarter ce long sillage de ton cœur
Qui ne pouvait pas croire à la fin du voyage.

DISPERSÉ

Mais que devient-elle,
Où donc êtes-vous,
Que devient le ciel
Qui nous vit un jour?

Que devient la joue
De cette enfant rouge
Que nous dépassâmes
En nous retournant?

Et votre belle main,
Refuge de vous-même,
Que la cachez-vous
Sous un souvenir
Qui n'est pas de nous?

Ces jours qui sont à nous, si nous les déplions
Pour entendre leur chuchotante rêverie
Ah c'est à peine si nous les reconnaissons.
Quelqu'un nous a changé toute la broderie.

Écoute, apprendras-tu à m'écouter de loin,
Il s'agit de pencher le cœur plus que l'oreille,
Tu trouveras en toi des ponts et des chemins
Pour venir jusqu'à moi qui regarde et qui veille.

Qu'importe en sa longueur l'Océan Atlantique,
Les champs, les bois, les monts qui sont entre nous
                                          [deux?
L'un après l'autre un jour il faudra qu'ils abdiquent
Lorsque de ce côté tu tourneras les yeux.

Porte, porte, que veux-tu?
Est-ce une petite morte
Qui se cache là derrière?
Non, vivante, elle est vivante
Et voilà qu'elle sourit
De manière rassurante.
Un visage entre deux portes,
Un visage entre deux rues,
Plus qu'il n'en faut pour un homme
Fuyant son propre inconnu.

Elle avance, elle s'éloigne
Et la voici revenue.
Elle m'atteint et me gagne
Comme une fraîche avenue
Qui longtemps se continue
Au milieu de la campagne.

Je choisis un peuplier
Avec un fleuve non loin,
Je choisis le fleuve aussi
Et je vous mets près du fleuve.

Mais vous, vous, qui me dira
A qui s'adresse ce vous?

Je ne le sais qu'à demi
Car l'autre moitié varie.

Oloron-sainte-Marie

A la mémoire de
Rainer Maria Rilke

OLORON-SAINTE-MARIE

Comme du temps de mes pères les Pyrénées écoutent
   aux portes
Et je me sens surveillé par leurs rugueuses cohortes.
Le gave coule, paupières basses, ne voulant pas de
   différence
Entre les hommes et les ombres,
Et il passe entre des pierres
Qui ne craignent pas les siècles
Mais s'appuient dessus pour rêver.

C'est la ville de mon père, j'ai affaire un peu partout.
Je rôde dans les rues et monte des étages n'importe où,
Ces étages font de moi comme un sentier de montagne,
J'entre sans frapper dans des chambres que traverse
   la campagne,
Les miroirs refont les bois, portent secours aux ruisseaux,
Je me découvre dedans pris et repris par leurs eaux.
J'erre sur les toits d'ardoise, je vais en haut de la tour,
Et, pour rassembler les morts qu'une rumeur effarouche,
Je suis le battant humain,
Que ne révèle aucun bruit,
De la cloche de la nuit,
Dans le ciel pyrénéen.

O morts à la démarche dérobée,
Que nous confondons toujours avec l'immobilité,
Perdus dans votre sourire comme sous la pluie l'épitaphe,
Morts aux postures contraintes et gênés par trop
d'espace,
O vous qui venez rôder autour de nos positions,
C'est nous qui sommes les boiteux tout prêts à tomber
sur le front.

Vous êtes guéris du sang
De ce sang qui nous assoiffe.

Vous êtes guéris de voir
La mer, le ciel et les bois.

Vous en avez fini avec les lèvres, leurs raisons et leurs
baisers,
Avec nos mains qui nous suivent partout sans nous
apaiser,
Avec les cheveux qui poussent et les ongles qui se
cassent,
Et, derrière le front dur, notre esprit qui se déplace.

Mais en nous rien n'est plus vrai
Que ce froid qui vous ressemble,
Nous ne sommes séparés
Que par le frisson d'un tremble.

Ne me tournez pas le dos. Devinez-vous
Un vivant de votre race près de vos anciens genoux?

Amis, ne craignez pas tant
Qu'on vous tire par un pan de votre costume flottant!

N'avez-vous pas un peu envie,
Chers écoliers de la mort, qu'on vous décline la vie?

Nous vous dirons de nouveau
Comment l'ombre et le soleil,
Dans un instant qui sommeille,
Font et défont un bouleau.

Et nous vous reconstruirons
Chaque ville avec les arches respirantes de ses ponts,
La campagne avec le vent,
Et le soleil au milieu de ses frères se levant.

Êtes-vous sûrs, êtes-vous sûrs de n'avoir rien à
    ajouter,
Que c'est toujours de ce côté le même jour, le même
    été?
Ah comment apaiser mes os dans leur misère,
Troupe blafarde, aveugle, au visage calcaire,
Qui réclame la mort de son chef aux yeux bleus
Tournés vers le dehors.

Je les entends qui m'emplissent de leur voix sourde.
Plantés dans ma chair, ces os,
Comme de secrets couteaux
Qui n'ont jamais vu le jour :

— N'échappe pas ainsi à notre entendement.
Ton silence nous ment.
Nous ne faisons qu'un avec toi,
Ne nous oublie pas.

Nous avons partie liée
Tels l'époux et l'épousée
Quand il souffle la bougie
Pour la longueur de la nuit.

— Petits os, grand os, cartilages,
Il est de plus cruelles cages.
Patientez, violents éclairs,
Dans l'orage clos de ma chair.

Thorax, sans arrière-pensée
Laisse entrer l'air de la croisée.
Comprendras-tu que le soleil
Va jusqu'à toi du fond du ciel?

Écoute-moi, sombre humérus,
Les ténèbres de chair sont douces.
Il ne faut pas songer encor
A la flûte lisse des morts.

Et toi, rosaire d'os, colonne vertébrale,
Que nulle main n'égrènera,
Retarde notre heure ennemie,
Prions pour le ruisseau de vie
Qui se presse vers nos prunelles.

WHISPER IN AGONY

Ne vous étonnez pas,
Abaissez les paupières
Jusqu'à ce qu'elles soient
De véritable pierre.

Laissez faire le cœur,
Et même s'il s'arrête.
Il bat pour lui tout seul
Sur sa pente secrète.

Les mains s'allongeront
Dans leur barque de glace
Et le front sera nu
Comme une grande place
Vide, entre deux armées.

Vivante ou morte, ô toi qui me connais si bien,
Laisse-moi t'approcher à la façon des hommes

Il fait nuit dans la pièce où tremble un oreiller
Comme un voilier qui sent venir la haute mer,
Et je ne comprends pas si je suis l'équipage
Ou l'adieu d'un bras nu resté sur le rivage.

Ah que j'arrête un jour ta chair à la dérive,
Toi qui vas éludant mon désir et le tien,
Au large de mes mains, qu'escortent des abîmes,
Quand mes pieds pour appui n'auront qu'un frêle bruit.

Un bruit de petit jour étouffé de ténèbres
Mais capable pourtant de toucher ta fenêtre
            Et de la faire ouvrir.

SUPPLIQUE

O morts, n'avez-vous pas encore appris à mourir
Quand il suffit de fermer les yeux une fois pour toutes
Jusqu'à ce que disparaisse ce picotement des paupières
Et cette jalousie?
Laissez reprendre à l'amour le cours de sa rêverie
Et que nos jours revendiquent la verdeur de la prairie.

Ne posez pas ainsi vos doigts sur le cœur des hommes
    vivants
Pour causer nos intermittences
Et les commenter tout le long
De votre langage sans mots.

N'approchez pas de nous la nuit
Pour nous verser la maladie,

Ne vous mélangez pas à nos pensées
Comme le sang frais aux bêtes blessées.

N'arrêtez pas notre main, elle n'est pas à vous!
Ne regardez pas ainsi nos attaches, nos genoux.

Laissez le fruit mûrir au fond de son loisir
Et sans que le pourrisse un brusque repentir.

Ce cheval qui trotte, ce chien, ce corbeau,
Laissez-les, c'est leur tour, allonger le dos.

C'est l'heure où les enfants aux âmes imagées
Montent pour les descendre les déconcertants escaliers.

Que l'on regarde la vie aller à ses rendez-vous
Dès le premier pigeon du jour jusqu'à la nuit noire de
    loups.

Que la pierre du chemin lorsque nul ne la regarde
Puisse changer un peu de place avant de reprendre sa
    garde.
Et que même des villages les plus voués à la terre
On entende se former le corail au fond des mers.

LA CHAMBRE VOISINE

Tournez le dos à cet homme
Mais restez auprès de lui.
(Écartez votre regard,
Sa confuse barbarie),
Restez debout sans mot dire,
Voyez-vous pas qu'il sépare
Mal le jour d'avec la nuit
Et les cieux les plus profonds
Du cœur sans fond qui l'agite ?
Éteignez tous ces flambeaux.
Regardez : ses veines luisent.
Quand il avance la main
Un souffle de pierreries,
De la circulaire nuit
Jusqu'à ses longs doigts, parvient.
Laissez-le seul sur son lit,
Le temps le borde et le veille,
En vue de ces hauts rochers
Où gémit, toujours caché,
Le cœur des nuits sans sommeil.
Qu'on n'entre plus dans la chambre
D'où doit sortir un grand chien

Ayant perdu la mémoire
Et qui cherchera sur terre
Comme le long de la mer
L'homme qu'il laissa derrière
Immobile, entre ses mains
Raides et définitives.

Tu t'accuses de crimes
Que tu n'as pas commis.
Tu tourmentes les chaînes
De ton cœur mal soumis.
Tu cherches qui pourrait
Te servir de bourreau
Et ton meilleur ami
A le regard qu'il faut.

Cruauté sur la terre,
Cruauté sur toi-même,
Pardonne-toi d'être homme
Et de te voir changer,
Pardonne-toi le somme
De tes yeux fatigués,
Pardonne à cette main
L'angoisse de ces mots,
Pardonne à tous les maux
Dont s'enfle ta raison,
Pardonne-toi ce jour
Entrant par la fenêtre,

Pardonne-toi le doute
Où repose ton être
En cette après-midi
De Février, le dix.

SANS DIEU

J'avance entre les astres avec deux chiens aveugles
Qui parfois se rapprochent pour chercher mon chemin.
On ne voit rien ici qui ressemble à la Terre
Mais une odeur saline à mes lèvres parvient
Et j'entends une voix qui tourne dans ma tête
Comme dans une cage un oiseau presque humain.
Mon cœur de chaque jour, ici noire est l'aurore,
Veut en vain s'allumer sous le ciel qui déborde.
Le givre de la nuit paralyse l'éther,
Je m'avance et me sens mille fois découvert.
Prêtant le flanc, le dos, la tête et la poitrine
A tous les dards de l'Inconnu qui m'avoisine.
Je vais posant les pieds sur un sol nuageux
Où mes yeux ne voient pas les empreintes de Dieu
Et ne laisse après moi qu'un reste de vertige
Qui difficilement au loin se cicatrise.

Girafes faméliques
O lécheuses d'étoiles,
Dans le trouble de l'herbe
Bœufs cherchant l'infini,

Lévriers qui croyez
L'attraper à la course,
Racines qui savez
Qu'il se cache dessous,

Qu'êtes-vous devenus
Pour moi qui suis perdu
Vivant, sans autre appui
Que les sables nocturnes?

Parfois l'air se contracte
Jusqu'à prendre figure.
Des deux côtés de l'âme
Que va-t-il advenir?

Terrestres souvenirs
Qu'appelez-vous un arbre,
La vague sur la plage,
Un enfant endormi?

Je voudrais apaiser
Ma plaintive mémoire
Je voudrais lui conter
Une patiente histoire.

Autour de moi les mains errantes des amis
Sentant que je suis seul égaré dans l'espace
Me cherchent sans pouvoir trouver l'exacte place
Et repartent au large vers la Terre qui fuit.

La feuille d'un palmier privé de ses racines,
Murmure à mon oreille une chanson sans suite.
Le ciel tout près de moi me tourmente et me ment,
Il m'a pris mes deux chiens gelés restés derrière,
Et j'entends leur exsangue, immobile aboiement,
Les étoiles se groupent et me tendent des chaînes.
Faudra-t-il humblement leur offrir mes poignets?
Une voix qui voudrait faire croire à l'été
Décrit un banc de parc à ma fatigue humaine.
Le ciel est toujours là qui creuse son chemin,
Voici l'écho des coups de pic dans ma poitrine.
O ciel, ciel abaissé, je te touche des mains
Et m'enfonce voûté dans la céleste mine.

LES YEUX

Chers yeux si beaux qui cherchez un visage,
Vous si lointains, cachés par d'autres âges,
Apparaissant et puis disparaissant,
Ah! protégés de vos cils seulement
Et d'un léger battement de paupières,
Sous le tonnerre et les célestes pierres
Chers yeux livrés aux tristes éléments
Que voulez-vous de moi, de quelle sorte
Puis-je montrer, derrière mille portes,
Que je suis prêt à vous porter secours,
Moi qui ne suis parmi les hommes
Qu'un homme de plus ou de moins
Tant le vivant ressemble au mort
Et l'arbre à l'ombre qui le tient
Et le jour, toujours poursuivi,
A la voleuse nuit.

CHANT TRISTE POUR JEAN ANGELI

à Henri Pourrat.

Le soir regarde au loin
Pour étouffer sa plainte,
Le ciel poursuit sa route
Et Jean baisse la tête
Sous l'étoile qui pointe.

Donnez-lui votre main
Il est le pire aveugle,
Ayant baissé les yeux
Il ne peut les lever.

Il ne sait comment faire
Pour aller jusqu'au jour
Qui va toucher la tour
De l'église d'Ambert.

Les morts sont maladroits
Et gênés par les astres.

Bonne absence du vent
Pour des gestes timides.
Au loin, de cime en cime,
Un peu de neige attend
Qu'Angeli la devine.

C'est bien son tour de vivre
Et de nous regarder
D'aller à sa fenêtre
Et d'ouvrir les volets.

C'est bien son tour de suivre
Un petit son idée,
De voir passer un lièvre
Vite dans la forêt.

Jean l'Olagne, n'as-tu
Déjà trop attendu?
Mais je tremble pour toi
Qui ne peux plus trembler.

à la mémoire d'Odilon-Jean Périer.

J'aimerais à lui offrir
Un peu d'air de la montagne
Ou la rumeur des rochers quand le gave vient de loin,
Ou cette odeur de sous-bois que l'on nomme le Brésil.
Mais il ne nous a laissé
Que son adresse illisible
Pour nos yeux humains brouillés.
Il est plus loin que l'étoile qui ne cille même plus.
Mais peut-être est-il moins loin qu'il ne voudrait bien le
    dire,
Et derrière mon épaule
Il me fait rayer deux mots ou bien m'en inspire quatre
Et il rit un peu sous cape.
On sourit de nos faiblesses, nos gaucheries de vivants
Pour tenter d'aller à lui,
Alors que lui va partout traversant même les murs
Avec cette aisance aux lèvres
Et me tourne ce feuillet tout en me persuadant
Que c'est la faute du vent.

MUSÉE CARNAVALET

Robe sans corps, robe sans jambes,
Robe sans un bouton qui manque
Quel émoi dans la gorge absente.
Comme il bat vite,
Ce cœur qui n'est qu'un souvenir !

Proche l'oreille du corsage,
Comme le médecin des morts,
Vais-je pouvoir entendre encor
Le sang et son clair équipage ?

Le torse de soie est bombé,
C'est une plage grise et rose,
Mais comme les manches sont plates.
Cherchez le fer à repasser,
Cherchez le doux ventre et la rate.

Trouvez, si vous pouvez, la tête
De cette dame sans amant :
Un peu d'air de dix-sept cent sept
Et pas plus gros qu'un poing d'enfant.

Intermittences de la terre

TORNADE DE SOMMEIL

à Jean-Richard Bloch.

Les hommes sur les grand'routes voilà qu'ils rebroussent
  chemin,
Comme si on les frappait avec mystère à l'épaule.
L'Amazone et le Nil s'arrêtent, refusant de refléter le
  ciel,
Les lacs se cachent le visage au fond de la terre bour-
  beuse,
Mouillant le feu central de larmes et de grenouilles
  honteuses.
Les cascades se suspendent
Ayant perdu la mémoire à mi-chemin de l'abîme.
Et les cathédrales doutent, hésitent entre leurs tours,
Poussant la foi vers l'une d'elles, puis vers l'autre, nuit
  et jour.
L'homme est plus triste que jamais avec ses doigts
  inégaux,
Ses yeux de même couleur.
Les nuages las de nous cherchent ailleurs leur pâture
Les voix une à une se taisent

Et les veilleurs attardés désertent dans la torpeur.
Je veux parler!
Mais les morts en sentinelles me font signe de me taire.
Si un homme se réveille, il se retourne à nouveau pour
dormir encore.
Ce n'est pas le moment d'aller sur l'écorce de la Terre.
La chemise sur la peau deviendrait couche de glace.
La Terre, de pôle en pôle, pousse son propre sommeil,
Ne se doutant même pas qu'elle n'est plus sur la route.

FEUX DU CIEL

I

à Pierre Guéguen.

— La foudre coupa l'homme de son ombre.
Où courez-vous ainsi, chères ombres sans hommes?

Animaux errants, naseaux, encolures,
Est-ce vous ce grand feu dans la brousse qui fume?

Rivages à la ronde, comme vous tressaillez!
Dans les eaux montagneuses qu'allez-vous enfanter?

Poissons qui fuyez sur la mer torride
Qu'avez-vous fait, qu'avez-vous fait du golfe de Floride?

L'air demeure angoissé de mouettes immobiles
Et leur cœur est une île de glace sous les plumes.
Des colons, un à un, avançant à la nage
Sont déposés vivants sur d'horribles rivages.

— Mais qui êtes-vous qui parlez ainsi
Avec cette voix qui n'est pas d'ici?
Répondrez-vous, ô vide, où tremblait un visage?

— Voici le jour venu, voici le jour venu,
Où le mont a cédé son altitude aux nues
Et tandis que la mort s'entête
Les vents changent de planète!

II

Une voix tombe d'un nuage
Disant : « J'arrive à l'instant »,
Mais le nuage prend le large.
Nul n'en descend.

Un cargo muet traverse l'espace
Cachant de la nuit dans ses soutes basses.
Dans l'aube il en tombe une poignée noire
Mais il n'est que moi pour l'apercevoir.

De ce bout du monde à l'autre
Vont de hautaines statues
Et de grands galops de marbre
En patrouille dans les rues.

« Où sont vos papiers, passant obscurci,
Le bras en écharpe et le cœur roussi.
Est-il des survivants au monde?

— Ombre pour ombre, ami, nous sommes compagnons,
Vous voyez bien que nous portons
La bague opaque des morts. »

Ruptures

RÉVEIL

Le jour auprès de moi se fixe
Mais il m'ajourne dans l'oubli.
Si je m'approche du miroir
Je n'y découvre rien de moi.

Hier encore j'eusse dit : « Mes mains »
Et aussi : « Mes jours et mes nuits ».
Aujourd'hui je ne sais que dire,
Tous les mots sont restés au loin,
Saisis par leur propre délire.

*

Est-ce moi qui suis assis
Sur le talus de la nuit ?
Ce n'est pas même un ami.
C'est n'importe qui.

Regardons ailleurs, ailleurs,
Regardons toujours ailleurs.

*

Tout seul sans moi, tout privé de visage,
Me suffirait un petit peu de moi,
Mon moi est loin, perdu dans quel voyage,
Comment savoir même s'il rentrera.

Formons un tas de mes petites hardes,
Ne pensons plus au maître dur qui tarde.
Mais quand le moi est parti sans conteste
Comment ne pas trembler dans ce qui reste,
Mince enveloppe où j'essaie d'avoir chaud,
Tant bien que mal, loin de mes propres os.

*

Moi de Montevideo
Ne me tourne pas le dos.

Avons-nous vraiment fini
De nous croire bons amis?

Moi de Pologne et d'Autriche
Êtes-vous restés en friche,

Allongés sur le côté
Du train où je me trouvais?

Et vous tous prêts à venir
Qui attendez votre tour,

Tous ces moi cherchant à vivre
Et qu'un jour enfin délivre?

Que je nomme compagnons
Ceux qui furent et seront.

Est-ce que vous m'entendez
Au fond de votre secret?

Comment faut-il vous parler
Comment puis-je vous toucher
Ne pouvant vous approcher?

EN PAYS ÉTRANGER

Ces visages sont-ils venus de ma mémoire,
Et ces gens ont-ils touché terre ou le ciel?
Cet homme est-il vivant comme il semble le croire,
Avec sa voix, avec cette fumée aux lèvres?
Chaises, tables, bois dur, vous que je peux toucher
Dans ce pays neigeux dont je ne sais la langue,
Poêle, et cette chaleur qui chuchote à mes mains,
Quel est cet homme devant vous qui me ressemble
Jusque dans mon passé, sachant ce que je pense,
Touchant si je vous touche et comblant mon silence,
Et qui soudain se lève, ouvre la porte, passe
En laissant tout ce vide où je n'ai plus de place?

*

Tendez la main, touchez ces grands monts invisibles
Cet homme vous apporte en cette chambre close
Un peu du ciel qui rôde au-dessus des montagnes.
Rafraîchissez vos mains à ses rives mouvantes,
Penchez-vous et voyez comme le parquet même
Est un lac doux et triste où tremble votre image.

L'ÉTOILE

Sous un cèdre dur d'Altaïr,
Je vois bien s'ouvrir vos paupières
Et trembler un peu vos bras maigres,
Au chant coupé des bécassines.

Suis-je là-bas ou suis-je ici?
Je ne connais plus les regards
Que mes yeux m'offrent sans merci
Devant l'universel miroir
Que tous ces hommes ont terni!

Arbres, c'est vous encor dans la fenêtre ouverte
Quand je tourne la tête et cherche le dehors,
C'est vous, pelouse assise au flanc nu de l'hiver.
Comme le vent en vain veut changer ce qui dort!

Car malgré ce grand bruit tout sommeille sur terre,
L'arbre par la racine, et le bourg par ses murs,
Et l'homme, en plein soleil, demeure un somnambule
Que son cœur à grands coups ne peut pas réveiller.

ATTENTE

Il est dans ses remparts que la mer veut saisir
Et regarde le jour poindre par un créneau,
Puis l'ayant fait passer par ce long trou d'aiguille
Il croit le recueillir dans son obscur cerveau.

Sur la muraille il suit le pas de la lumière
Et l'on dirait qu'il pense au moyen des lézards,
L'un se montre, s'élance, et cet autre se cache,
            Cent restent immobiles
            Et déjà de la pierre.

Est-ce dans deux mille ans ou demain, tout de suite,
Quand on étend la main et qu'on n'a qu'à toucher?
Le vent palpe le sol plein de hautes épines,
Il fuit abandonnant plusieurs lambeaux de ciel.

Et toujours à ma droite une maison se dresse,
Porte close où se traîne un tremblant corridor,
J'attends depuis l'aurore et toujours le temps presse
J'entends des pas très alarmés et nul ne sort.

Une voix du dedans m'appelle, je regarde
La fenêtre que ferme un barreau d'acier noir.
Je traverse la rue et son ombre si grande
Que le gardien de nuit s'approche sans me voir.

Mais la porte soudain s'entr'ouvre toute seule
Et ne laisse échapper qu'un désespoir sans fin.
Et cette voix se tait qui m'appelait sans cesse.
Elle qui promettait un visage et des mains.

LE SIGNE

Signe, étoile au creux de ma main
Que je cache et que je retiens.
Pour quelle profonde aventure
Quel navire diriges-tu?
Verrai-je un jour son équipage
Et toucherai-je ses cordages?
Donnez-moi vite ces hublots
Pour que j'y passe un peu la tête,
Timon, filins et matelots,
Tout ce qu'il faut dans la tempête!
Aveugle étoile, chaude et douce,
Par un clin d'œil ou quelque mousse
Descendu d'un mât dans les nues
Réponds-moi que tu m'as compris,
Étoile, larcin que je fis
Un jour, au plus fort du sommeil,
Aux nuits mangeuses de soleil.

Peurs

LE

Il ne faut pas le dire
Ni même le murmurer,
Il ne faut pas en écrire,
Il ne faut pas y songer
Même dans le délire,
Il ne faut le regarder
Qu'à travers des yeux bandés,
Et surtout ne l'approcher
Qu'avec des gants de fer.

*

A l'heure où la journée
Désespérant du soir
Va se couvrir la tête
De son tablier noir,
Que voulez-vous de moi,
Présences, parlez bas,
On pourrait nous entendre
Et me vendre à la mort,
Cachez-moi la figure
Derrière la ramure

Et que l'on me confonde
Avec l'ombre du monde.

*

Ce chat que vous voyez sauter d'un bout à l'autre de
  l'avenue,
Prenez garde, prenez garde qu'il n'habite votre poitrine
Et ne soit en vérité que l'animal sanguinolent
Appelé cœur tapi en vous pour vous donner vie et tour-
  ment.
Courez à gauche, dépêchez-vous et puis à droite,
  oubliez-le.
Mais l'important — pleurez, pleurez, — c'est que lui
  aussi vous oublie.

*

Quatorze voix en même temps
Avec le vent, contre le vent,
Et toutes savent, toutes vivent,
Quatorze voix vont le cherchant
Et l'une brûle son logis,
En veut à son seul occupant.
Comme elle lèche sa fenêtre
Et tire une très longue langue
Jusques au fond du corridor!
Quatorze voix en même temps,
Que ferez-vous donc de cet homme?
Allez ailleurs, brûlez ailleurs,
Le monde est grand, vous trouverez

Voix folles, à vous employer!
Laissez ce corps d'homme tranquille
Jamais vous ne pourrez l'atteindre
Dans les lointains qui sont en lui.

★

Le ciel se penche sur la Terre et ne la reconnaît plus
Comme une mère dont on aurait changé l'enfant durant
la nuit.
La route vous dit : « Non », en pleine figure comme elle
vous cracherait dessus
Et s'en va rejoindre sous terre les autres routes qui n'en
sont plus.

Je suis si seul que je ne reconnais plus la forme exacte
de mes mains
Et je sens mon cœur en moi comme une douleur étran-
gère.
Silence! On ne peut pas offrir l'oreille à ces voix-là.
On ne peut même pas y penser tout bas
Car l'on pense beaucoup trop haut et cela fait un vacarme
terrible.

Derrière le silence

DERRIÈRE LE SILENCE

à André Gaillard.

Le soir, ses lentes paupières,
Comme un oiseau près de mourir.
Qui lui jeta la grave pierre
Par où coule déjà la nuit?

Les racines dans la terre
Sentent s'accroître le péril.
L'âme oublieuse de la chair
S'alarme et gagne son zénith.

Dans la noirceur qui nous entoure
La lune veut faire son nid
Mais les ténèbres qui la roulent
Lui font perdre appui sur appui.

On se regarde, on s'ignore,
On croit saisir une main :

C'est la blancheur du lendemain,
On se penche sur l'aurore.

★

Ces tours prélèvent du ciel
Pour la claire voix des cloches
Et le répandent, de proche
En proche, et de loin en loin.

Iront-elles jusqu'à vous,
O morte dessous la terre,
Et votre âme saura-t-elle
Aussi se mettre à genoux?

Vous étiez si nonchalante,
Belle cendre endolorie
Sous le lourd rideau de marbre
Qui vous façonne la nuit.

★

Autour de moi les murs aux sévères épaules
Ont longtemps déchargé des tombereaux de nuit.
Mes mains ne pourront se défaire de l'ombre
Qui roule sur mon lit.

Le jour se lève sur le port,
Entraînant le monde à sa suite.
Rendez-moi les quais de l'aurore!
Je suis resté vivant dans la glu de la nuit.

LE MIROIR

Qu'on lui donne un miroir au milieu du chemin
Elle y verra la vie échapper à ses mains,
Une étoile briller comme un cœur inégal
Qui tantôt va trop vite et tantôt bat si mal.

Quand ils approcheront ses oiseaux favoris,
Elle regardera mais sans avoir compris,
 Voudra, prise de peur, voir sa propre figure,
Le miroir se taira, d'un silence qui dure.

Dans votre propre cœur
Entendez-vous le pas,
Mais c'est plutôt la voix
D'une femme qui pleure?
Dans la chair sans issue
A peine elle remue
Pour ne pas effrayer
Son malheureux geôlier.

Visage qui m'attire en mes secrètes rives,
Ton nom simple et léger je ne sais pas le dire,
Sur ma langue toujours il se contracte et meurt.
Mais s'il est mort de peur, la peur le ressuscite.

Heureux celui qui peut dire : « Voici de l'*herbe* ».
« Regardez ce *cheval* buvant à la *rivière* »
Ou bien : « *Paul* » ou « *Robert* » ou bien « *Marie* »
    ou « *Jeanne* ».
Mais c'est un autre nom celui qu'en moi j'étrangle
Si mal, avec des mains qui sauraient mieux aimer.

ILES SOUS LE VENT

Mon cœur, si mal blotti dans notre solitude,
L'un à l'autre attachés, nourris d'un même sang,
Mon cœur et mon cerveau, mes ramiers sous le vent,
Retenus à leur toit par une corde rude,
Le toit c'est encore moi et même la maison,
Et même les ramiers qui sont à naître encore
Mais devinent déjà les couteaux de l'aurore,
Palpitants et peureux dans un sommeil sans fond.

à Alvaro et Gervasio Guillot Muñoz.

Un remords au fond des mers
Dort sur une roche lisse.
De quel homme d'équipage
Qui s'accoudait sur la lisse
Fermant les yeux sous l'écume?
De quel Capitaine assis
Dans un hamac absolu
En considérant ses mains
Où relâchait l'alizé
Pour repartir aussitôt
Par le hublot grand ouvert?
La distance et les poissons
Mélangés à l'eau de mer
Tissent des illusions
Que surveillent les éclairs
Durs de la nuit sous-marine.
D'obscures tentations
Veulent former un matin
Que nul regard n'a glané.

Les yeux d'ici sont bandés
Par une force cruelle.
Jamais ne les a rayés
Le vol d'un oiseau du ciel.

Les Amériques

à Félix Bertaux.

MÉTAMORPHOSE

Amérique devenue
Cette faible main de pierre
Séparée d'une statue.

Je te regarde et te serre
Entre mes mains un moment
Puis je te rends à toi-même.

Est-ce donc là ce qui reste
Des Andes et de la plaine
Et de tant de mouvements?

Redonnez-moi l'Amérique
Atlantique et Pacifique
Et son grand corps dans le vent.

RAYON VERT

L'oiseau, précédé de son désespoir,
Par le carreau troué pénétra dans la chambre,
Comme dans un abri plein d'étrangeté
Où l'air tresse et chérit de fines cruautés.

Bec ouvert, cœur ténu, plumeux près de la lampe,
Il voulait échapper au déluge du soir.

Des livres, l'abat-jour et sa langue électrique,
Qu'en faire si l'on est oiseau de l'Atlantique,
Et que pourrait offrir à son âme espacée
Une étoile coupante, une vitre cassée?

L'AUTRE AMÉRIQUE

Je cherche une Amérique ardente et plus ombreuse
Avec un océan la touchant de plus près,
Plus vive en son écume, et de son corps peureuse.

Ses oiseaux chantent bas, vous prennent à parti,
Vous tirent à l'écart dans un coin de forêt,
Vous disent leur secret, vous laissent interdit.

On n'ose y regarder trop longtemps une rose
Et l'on n'est sûr de rien, même pas des rochers,
Si vif est le penchant à la métamorphose,

Sous les yeux des vivants les livres qui se ferment
Deviennent des chevaux au milieu de lanternes
Et l'on monte dessus pour bien mieux s'égarer,

Et se trouver enfin, fraîches les deux oreilles,
Corps galopant au fond de l'aube qu'on réveille.

Mes légendes

PLEIN CIEL

Au milieu d'un nuage,
Au-dessus de la mer,
Un visage de femme
Regarde l'étendue,
Et les oiseaux-poissons
Fréquentant ces parages
Portent l'écume aux nues.

*(Je connais cette femme
Où l'ai-je déjà vue.)*

Les chiens du ciel aboient
Dans un lointain sans terres,
Ce sont bêtes sans chair
Qui ne connaissent pas
Cette dame étrangère,
Et donnent de la voix
Avec leur âme austère.

*(Elle a des yeux si noirs
Que je les cherche en moi.)*

Silence tout à coup.
Visages dans les mains
Vont les sphères célestes
Qui retiennent leur souffle
Pour que ce chant modeste
Se fraye comme il faut
Son chemin jusqu'en haut.

*(Et voici qu'elle a pris
Sa tête entre ses mains.)*

LE FAON

à Julien Lanoé.

Si je touche cette boîte
En bois de haute futaie
Un faon s'arrête et regarde
Au plus fort de la forêt.

Beau faon, détourne la tête,
Poursuis ton obscur chemin.
Tu ne sauras jamais rien
De ma vie et de ses gestes.

Que peut un homme pour toi,
Un homme qui te regarde
A travers le pauvre bois
D'une boîte un peu hagarde.

Ton silence et tes beaux yeux
Sont clairières dans le monde,

Et tes fins petits sabots,
Pudeur de la terre ronde.

Un jour tout le ciel prendra
Comme un lac, par un grand froid,
Et fuiront, d'un monde à l'autre,
De beaux faons, les miens, les vôtres.

Un bœuf gris de la Chine,
Couché dans son étable,
Allonge son échine
Et dans le même instant
Un bœuf de l'Uruguay
Se retourne pour voir
Si quelqu'un a bougé.
Vole sur l'un et l'autre
A travers jour et nuit
L'oiseau qui fait sans bruit
Le tour de la planète
Et jamais ne la touche
Et jamais ne s'arrête.

ÉCHANGES

Œil noir où courez-vous ?
Œil bleu que faites-vous ?
Et vite la jeunesse
Qui vous pousse et vous presse
Et la chair qui se hâte
Et craint un grand retard !
Ces visages si lisses
Qu'on dirait des miroirs,
Ces yeux dont le délice
Les empêche de voir.
Donnez-leur tout de même
Des montagnes, des lacs,
La France et l'Allemagne,
Le Mont-Blanc, les séracs,
Car c'est dans les visages
Que toute la nature
De l'âme se décharge
Et trouve à s'émouvoir.

Un chêne ne savait,
Et ne pouvait un orme,

Une pierre n'osait,
Hésitait une roche,
Un fleuve allait toujours
Moins fort que son désir,
Et l'étoile filante,
Trop lente pour son rêve,
Mais ils se retrouvèrent
Dans le feu d'une lèvre,
Dans le cours d'un regard,
Et si bien à leur place
Que longtemps ils pleurèrent.
Et la pierre eut des glands.
Et l'orme, des poissons,
Les rochers, des bourgeons,
Le fleuve, des montagnes
Et l'étoile filante
Refusa de filer
Pour pouvoir regarder
Dans le calme d'un lac
L'étoile la plus belle,
Sans savoir que c'est elle.

LES FLEURS DU PAPIER DE TA CHAMBRE

Pour Anita.

« Nous sommes sur le mur
Et ne sommes pas dures,
Nous avons un parfum
Plus léger que nature
Et qui sent un jardin
Dans les pays futurs
Ou les pays anciens,
C'est là notre parure.
Et nous nous répétons,
Du parquet au plafond,
Crainte d'être incomprises,
Parce que nous n'avons
Ni fraîcheur ni saisons
Ciel, abeilles ni brises ».

Une main sur le mur,
C'est l'enfant qui s'éveille,
Elle a grand peur, allume,

Le papier de la chambre
A soi-même est pareil,
Il veille et l'accompagne.
Le pied touche le bois
Du lit toujours sérieux
Qui lui dit dans ses voix :
« Ce n'est pas l'heure encore
De partir pour l'école. »
Anita se rendort
Dans le calme parfum
De son papier à fleurs
Dont les belles couleurs
Ignorant le repos
Dans la nuit, à tâtons,
Sans se tromper jamais
Élaborent l'aurore.

LE VOYAGE DIFFICILE

Sur la route une charrette,
Dans la charrette un enfant
Qui ne veut baisser la tête
Sous des cahots surprenants.

La violence de la route
Chasse l'attelage au loin
D'où la terre n'est que boule
Dans le grand ciel incertain.

Ne parlez pas : c'est ici
Qu'on égorge le soleil.
Douze bouchers sont en ligne,
Douze coutelas pareils.

Ici l'on saigne la lune
Pour lui donner sa pâleur,

L'on travaille sur l'enclume
Du tonnerre et de l'horreur.

« Enfant cache ton visage
Car tu cours de grands dangers.
— Ne vois-tu pas, étranger,
Que j'ai un bon attelage. »

Garçons des autres planètes
N'oubliez pas cet enfant
Dont nous sommes sans nouvelles
Depuis déjà très longtemps.

Sous quelle fougère où dort un insecte
Votre âme cherchait sa couleur première?

C'était par quelque temps d'éclipse,
Seul au monde un frisson, un sourire triste.

De temps à autre toute une biche
Entre le feuillage s'en venait voir,

Puis s'éloignait sous la surveillance d'un songe
Qui la couvrait d'herbes, de ronces,

Et toujours prête à revenir.

Le soleil parle bas
A la neige et l'engage
A mourir sans souffrir
Comme fait le nuage.

Quelle est cette autre voix
Qui me parle et m'engage ?
Même au fort de l'hiver.
Serait-ce la chaleur
Qui fait tourner la Terre
Toujours d'un même cœur,
Et, pour me rassurer,
Dans toutes les saisons
Se penche à mon oreille
Et murmure mon nom ?

Dans la forêt sans heures
On abat un grand arbre.
Un vide vertical
Tremble en forme de fût
Près du tronc étendu.

Cherchez, cherchez, oiseaux,
La place de vos nids
Dans ce haut souvenir
Tant qu'il murmure encore.

L'ÉMIGRANT

J'entends les pas de mon cœur
Qui me quitte et se dépêche.
Si je l'appelle il m'évite
Et veut disparaître au loin.

Où va-t-il si affairé
Sans voir le soir ni l'aurore?
Il s'en va si réservé
Que nous serons arrivés
Sans que je comprenne encore.

Qu'il arrive et qu'il s'arrête
Il n'aura plus que la force
De souffler sur sa lumière,
Je ne saurai rien encore

Que laisser passer la mort
Qui doit être la première
A savoir, et la dernière.

LE LAC ENDORMI

Un sapin, la nuit,
Quand nul ne le voit,
Devient une barque
Sans rames ni bras.
On entend parfois
Quelque clapotis,
Et l'eau s'effarouche
Tout autour de lui.

L'enfant née depuis peu

pour Anne-Marie.

L'ENFANT NÉE DEPUIS PEU

Faisant le geste vif d'écarter les nuages
Elle touche enfin terre, au sortir de ses astres.

Et les murs voudraient voir de près l'enfant nouvelle
Qu'un peu de jour, adroit dans l'ombre, leur décèle.

Le bruit de la cité qui cherche son oreille
Désire y pénétrer comme une obscure abeille,

Hésite, puis s'éloigne, effrayé par degrés,
De cette chair encor trop près de son secret

Et qui s'expose toute avec sa petitesse
A l'air luisant, aveugle et tremblant de promesses,

Après le long voyage où les yeux étaient clos
Dans un pays toujours nocturne, sans échos,

Et dont le souvenir est dans les mains serrées
(Ne les desserrez pas, laissez-lui sa pensée.)

★

Elle pense :

« Si sévères et si grandes
Ces personnes qui regardent
Et leurs figures dressées
Comme de hautes montagnes.
Suis-je un lac, une rivière,
Suis-je un miroir enchanté ?
Pourquoi me regardent-ils ?
Je n'ai rien à leur donner.
Qu'ils s'en aillent, qu'ils s'en aillent
Au pays de leurs yeux froids,
Au pays de leurs sourcils
Qui ne savent rien de moi.
J'ai encore fort affaire
Dessous mes closes paupières.
Il me faut prendre congé
De couleurs à oublier,
De millions de lumières
Et de plus d'obscurité
Qui sont de l'autre côté.
Il me faut mettre de l'ordre
Parmi toutes ces étoiles
Que je vais abandonner.
Au fond d'un sommeil sans bornes,
Il me faut me dépêcher. »

*

Quand elle ouvre les yeux ils lui donnent un arbre
Et son monde branchu, ils lui donnent le large
Et son content de ciel,
Puis elle se rendort pour emporter le tout.

*

Dans son château l'enfant à la nourrice
Regardez-la par le jour d'un créneau,
Sa lèvre ignore encor le goût des mots
Et ses regards vont sur les vagues lisses
Chercher fortune, à l'instar des oiseaux.

Que signifient ces blancheurs, cette écume,
Quel grand couteau a tailladé les flots ?
Mais on dirait que s'avance un bateau
Et que du pont, pris d'une ivresse brusque,
        Douze plongeurs se sont jetés à l'eau.

O mes nageurs, une enfant vous regarde,
L'écume luit et ses signes sacrés,
Fol alphabet, aux blancheurs sans mémoire,
Qu'elle s'obstine à vouloir déchiffrer,
Mais toujours l'eau brouille toute l'histoire.

Les amis inconnus

Les amis inconnus

LES AMIS INCONNUS

Il vous naît un poisson qui se met à tourner
Tout de suite au plus noir d'une lampe profonde,
Il vous naît une étoile au-dessus de la tête,
Elle voudrait chanter mais ne peut faire mieux
Que ses sœurs de la nuit les étoiles muettes.

Il vous naît un oiseau dans la force de l'âge,
En plein vol, et cachant votre histoire en son cœur
Puisqu'il n'a que son cri d'oiseau pour la montrer.
Il vole sur les bois, se choisit une branche
Et s'y pose, on dirait qu'elle est comme les autres.

Où courent-ils ainsi ces lièvres, ces belettes,
Il n'est pas de chasseur encor dans la contrée,
Et quelle peur les hante et les fait se hâter,
L'écureuil qui devient feuille et bois dans sa fuite,
La biche et le chevreuil soudain déconcertés ?

Il vous naît un ami, et voilà qu'il vous cherche
Il ne connaîtra pas votre nom ni vos yeux

Mais il faudra qu'il soit touché comme les autres
Et loge dans son cœur d'étranges battements
Qui lui viennent de jours qu'il n'aura pas vécus.

Et vous, que faites-vous, ô visage troublé,
Par ces brusques passants, ces bêtes, ces oiseaux,
Vous qui vous demandez, vous, toujours sans nouvelles
« Si je croise jamais un des amis lointains
Au mal que je lui fis vais-je le reconnaître ? »

Pardon pour vous, pardon pour eux, pour le silence
Et les mots inconsidérés,
Pour les phrases venant de lèvres inconnues
Qui vous touchent de loin comme balles perdues,
Et pardon pour les fronts qui semblent oublieux.

LES CHEVAUX DU TEMPS

Quand les chevaux du Temps s'arrêtent à ma porte
J'hésite un peu toujours à les regarder boire
Puisque c'est de mon sang qu'ils étanchent leur soif.
Ils tournent vers ma face un œil reconnaissant
Pendant que leurs longs traits m'emplissent de faiblesse
Et me laissent si las, si seul et décevant
Qu'une nuit passagère envahit mes paupières
Et qu'il me faut soudain refaire en moi des forces
Pour qu'un jour où viendrait l'attelage assoiffé
Je puisse encore vivre et les désaltérer.

L'OISEAU

« Oiseau, que cherchez-vous, voletant sur mes livres,
Tout vous est étranger dans mon étroite chambre.

— J'ignore votre chambre et je suis loin de vous,
Je n'ai jamais quitté mes bois, je suis sur l'arbre
Où j'ai caché mon nid, comprenez autrement
Tout ce qui vous arrive, oubliez un oiseau.

— Mais je vois de tout près vos pattes, votre bec.

— Sans doute pouvez-vous rapprocher les distances
Si vos yeux m'ont trouvé ce n'est pas de ma faute.

— Pourtant vous êtes là puisque vous répondez.

— Je réponds à la peur que j'ai toujours de l'homme
Je nourris mes petits, je n'ai d'autre loisir,

Je les garde en secret au plus sombre d'un arbre
Que je croyais touffu comme l'un de vos murs.
Laissez-moi sur ma branche et gardez vos paroles,
Je crains votre pensée comme un coup de fusil.

— Calmez donc votre cœur qui m'entend sous la plume.

— Mais quelle horreur cachait votre douceur obscure
Ah! vous m'avez tué, je tombe de mon arbre.

— J'ai besoin d'être seul, même un regard d'oiseau...

— Mais puisque j'étais loin au fond de mes grands
     bois! »

L'ALLÉE

— Ne touchez pas l'épaule
Du cavalier qui passe,
Il se retournerait
Et ce serait la nuit,
Une nuit sans étoiles,
Sans courbe ni nuages.
— Alors que deviendrait
Tout ce qui fait le ciel,
La lune et son passage,
Et le bruit du soleil ?
— Il vous faudrait attendre
Qu'un second cavalier
Aussi puissant que l'autre
Consentît à passer.

L'OURS

Le pôle est sans soupirs.
Un ours tourne et retourne
Une boule plus blanche
Que la neige et que lui.
Comment lui faire entendre
Du fond de ce Paris
Que c'est l'ancienne sphère
De plus en plus réduite
D'un soleil de minuit,
Quand cet ours est si loin
De cette chambre close,
Qu'il est si différent
Des bêtes familières
Qui passent à ma porte,
Ours penché sans comprendre
Sur son petit soleil
Qu'il voudrait peu à peu
Réchauffer de son souffle
Et de sa langue obscure
Comme s'il le prenait
Pour un ourson frileux
Qui fait le mort en boule
Et ferme fort les yeux.

LE POMMIER

A force de mourir et de n'en dire rien
Vous aviez fait un jour jaillir, sans y songer,
Un grand pommier en fleurs au milieu de l'hiver
Et des oiseaux gardaient de leurs becs inconnus
L'arbre non saisonnier, comme en plein mois de mai,
Et des enfants joyeux de soleil et de brume
Faisaient la ronde autour, à vivre résolus.
Ils étaient les témoins de sa vitalité.
Et l'arbre de donner ses fruits sans en souffrir
Comme un arbre ordinaire, et, sous un ciel de neige,
De passer vos espoirs de toute sa hauteur.
Et son humilité se voyait de tout près.
Oui, craintive, souvent, vous vous en approchiez.

FIGURES

Je bats comme des cartes
Malgré moi des visages,
Et, tous, ils me sont chers.
Parfois l'un tombe à terre
Et j'ai beau le chercher
La carte a disparu.
Je n'en sais rien de plus.
C'était un beau visage
Pourtant, que j'aimais bien.
Je bats les autres cartes.
L'inquiet de ma chambre,
Je veux dire mon cœur,
Continue à brûler
Mais non pour cette carte,
Qu'une autre a remplacée :
C'est un nouveau visage,
Le jeu reste complet
Mais toujours mutilé.
C'est tout ce que je sais,
Nul n'en sait davantage.

LES MAINS PHOTOGRAPHIÉES

On les faisait pénétrer au monde des surfaces lisses
Où même des montagnes rocheuses sont douces, faciles
    au toucher,
On les traitait comme un visage pour la première fois
    de leur vie,
Elles se sentaient un front vague
Et les symptômes premiers d'une naissante physionomie.
De très loin venait la mémoire aborder ces rivages
    vierges
Avec le calme d'une houle qui mit longtemps à se
    former.
Les connaissances du cerveau parvenaient enfin jus-
    qu'au pouce.
Pour la première fois de sa vie
Le pouce légèrement acquiesçait dans son domaine
Et pendant que dura la pose
Les mains donnèrent leur nom au soleil, à la belle
    journée.
Elles appelèrent « tremblement » cette légère hésitation
Qui leur venait du cœur humain à l'autre bout des
    veines chaudes,
Elles comprirent que la vie est chose passante et fragile,

Même pour des mains qui longtemps se désintéres-
    sèrent du reste.
Puis elles ne connurent rien de ce qu'elles avaient deviné
Durant ce court entretien avec des forces lumineuses.
Le moment était arrivé où l'on ne pouvait même plus,
Sans mentir, les dire oublieuses.

L'APPEL

Les dames en noir prirent leur violon
Afin de jouer, le dos au miroir.

Le vent s'effaçait comme aux meilleurs jours
Pour mieux écouter l'obscure musique.

Mais presque aussitôt pris d'un grand oubli
Le violon se tut dans les bras des femmes

Comme un enfant nu qui s'est endormi
Au milieu des arbres.

Rien ne semblait plus devoir animer
L'immobile archet, le violon de marbre,

Et ce fut alors qu'au fond du sommeil
Quelqu'un me souffla : « Vous seul le pourriez,
Venez tout de suite. »

Le hors-venu

LE HORS-VENU

Il couchait seul dans de grands lits
De hautes herbes et d'orties,
Son corps nu toujours éclairé
Dans les défilés de la nuit
Par un soleil encor violent
Qui venait d'un siècle passé
Par monts et par vaux de lumière
A travers mille obscurités.
Quand il avançait sur les routes
Il ne se retournait jamais.
C'était l'affaire de son double
Toujours à la bonne distance
Et qui lui servait d'écuyer.
Quelquefois les astres hostiles
Pour s'assurer que c'était eux
Les éprouvaient d'un cent de flèches
Patiemment empoisonnées.
Quand ils passaient, même les arbres
Étaient pris de vivacité,
Les troncs frissonnaient dans la fibre,
Visiblement réfléchissaient,
Et ne parlons pas du feuillage,

133

Toujours une feuille en tombait
Même au printemps quand elles tiennent
Et sont dures de volonté.
Les insectes se dépêchaient
Dans leur besogne quotidienne,
Tous, la tête dans les épaules,
Comme s'ils se la reprochaient.
La pierre prenait conscience
De ses anciennes libertés;
Lui, savait ce qui se passait
Derrière l'immobilité,
Et devant la fragilité.
Les jeunes filles le craignaient,
Parfois des femmes l'appelaient
Mais il n'en regardait aucune
Dans sa cruelle chasteté.
Les murs excitaient son esprit,
Il s'en éloignait enrichi
Par une gerbe de secrets
Volés au milieu de leur nuit
Et que toujours il recélait
Dans son cœur sûr, son seul bagage
Avec le cœur de l'écuyer.
Ses travaux de terrassement
Dans les carrières de son âme
Le surprenaient-ils harassé
Près de bornes sans inscription
Tirant une langue sanglante
Tel un chien aux poumons crevés,
Qu'il regardait ses longues mains
Comme un miroir de chair et d'os
Et aussitôt il repartait.
Ses enjambées étaient célèbres,

Mais seul il connaissait son nom
Que voici : « Plus grave que l'homme
Et savant comme certains morts
Qui n'ont jamais pu s'endormir. »

Les veuves

LES VEUVES

La triste qui vous tient, la claire qui vous suit,
La tenace aux yeux noirs qui chante pour soi seule
Mais ne sait vous quitter, même pas à demi,
Elles ne sont plus là que par leurs voix de veuves
Comme si vous n'étiez qu'une voix vous aussi.
De leurs jours alarmés, elles viennent à vous
Et leurs sombres élans s'enroulent à votre âme
Mais toujours leur aveu se défait à vos pieds,
Puisqu'il n'est pas de mots pour tant d'ombre et de
[flammes.

Le monde est plein de voix qui perdirent visage
Et tournent nuit et jour pour en demander un.
Je leur dis : « Parlez-moi de façon familière
Car c'est moi le moins sûr de la grande assemblée.
« N'allez pas comparer notre sort et le vôtre »,
Me répond une voix, « je m'appelais un tel,
Je ne sais plus mon nom, je n'ai plus de cervelle
Et ne puis disposer que de celle des autres.
Laissez-moi m'appuyer un peu sur vos pensées.
C'est beaucoup d'approcher une oreille vivante
Pour quelqu'un comme moi qui ne suis presque plus.
Croyez ce que j'en dis, je ne suis plus qu'un mort
Je veux dire quelqu'un qui pèse ses paroles. »

« Je suis une âme qui parle
Écoutez de votre mieux.
J'avais honte de mon corps
Qui se présentait partout
Avec moi, m'enveloppant
De sa chair à vêtements.
Je le trouvais si grossier
Avec les os et le sang
Que souvent je l'ai maudit
Sur la mer et sur la terre.
Je songeais à le noyer
Dans le fond de la rivière,
Et maintenant me voici
Agenouillée sans genoux
Sur le sol où il s'allonge
Je comprends qu'il ne me reste
Que ses souvenirs à lui
Qui vont, viennent, angoissés,
De mon absence de tête
A mon absence de pieds
Comme une triste marée
Qui se ferait dans la mer.

Je suis un oiseau dans l'air
Ne sachant où se poser,
On m'a coupé mon seul arbre
Le sol lui-même est fuyant,
Ah quel est donc ce pays
Où jamais l'on ne répond
Où l'on ne sait écouter
Une voix persuasive ? »

L'AUBE DANS LA CHAMBRE

Le petit jour vient toucher une tête en son sommeil
Il glisse sur l'os frontal
Et s'assure que c'est bien le même homme que la veille.
A pas de loup, les couleurs pénètrent par la croisée
Avec leur longue habitude de ne pas faire de bruit.
La blanche vient de Timor et toucha la Palestine
Et voilà que sur le lit elle s'incline et s'étale
Et cette autre avec regret se sépara de la Chine,
La voici sur le miroir
Lui donnant sa profondeur
Rien qu'en s'approchant de lui.
Une autre va vers l'armoire et la frotte un peu de jaune,
Celle-ci repeint de noir
La condition de l'homme
Qui repose dans son lit.
Alors l'âme qui le sait,
Mère inquiète toujours près de ce corps qui s'allonge :
« Le malheur n'est pas sur nous
Puisque le corps de mes jours
Dans la pénombre respire.
Il n'est plus grande douleur
Que ne pas pouvoir souffrir

Et que l'âme soit sans gîte
Devant des portes fermées.
Un jour je serai privée de ce grand corps près de moi;
J'aime bien à deviner ses formes dessous les draps,
Mon ami le sang qui coule dans son delta malaisé,
Et cette main qui parfois
Bouge un peu sous quelque songe
Qui ne laissera de trace
Dans le corps ni dans son âme.
Mais il dort, ne pensons pas pour ne pas le réveiller,
Ce n'est pas bien difficile
Il suffit de s'appliquer,
Qu'on ne m'entende pas plus que le feuillage qui pousse
Ni la rose de verdure.

L'AME

Puisqu'elle tient parfois dans le bruit de la mer
Ou passe librement par le trou d'une aiguille
Aussi bien qu'elle couvre une haute montagne
      Avec son tissu clair,

Puisqu'elle chante ainsi que le garçon, la fille,
Et qu'elle brille au loin aussi bien que tout près,
Tantôt bougie ou bien étoile qui grésille
      Toujours sans faire exprès,

Puisqu'elle va de vous à moi, sans être vue,
Et fait en l'air son nid comme sur une plante,
Cherchons-la, sans bouger, dans cette nuit tremblante
Puisque le moindre bruit, tant qu'il dure, la tue.

On voyait bien nos chiens perdus dans les landes
Mais nous, on ne nous voyait plus.
On voyait bien aussi nos amis les plus chers,
Des lèvres, après nous, murmuraient nos chansons,
Mais on avait beau scruter toute la Terre
On ne nous voyait pas, même avec de bons yeux,
— Même pas nos manteaux ni des gants oubliés —
Et pourtant nous étions partout à regarder
Nos amis nous chercher et se désespérer,
Et nous mêlions, la tête dans les mains,
Nos larmes de naguère à celles des étoiles,
Parce qu'*hier* était pour nous comme *demain*,
Aujourd'hui, chaque jour, mourait d'un coup de lance
On nous l'assassinait dès le petit matin.
Nous fermions à jamais de grands yeux inutiles
Et le soleil sans nous poursuivait son chemin.

LE REGRET DE LA TERRE

Un jour, quand nous dirons : « C'était le temps du soleil,
Vous souvenez-vous, il éclairait la moindre ramille,
Et aussi bien la femme âgée que la jeune fille étonnée,
Il savait donner leur couleur aux objets dès qu'il se
    posait.
Il suivait le cheval coureur et s'arrêtait avec lui,
C'était le temps inoubliable où nous étions sur la Terre,
Où cela faisait du bruit de faire tomber quelque chose,
Nous regardions alentour avec nos yeux connaisseurs,
Nos oreilles comprenaient toutes les nuances de l'air
Et lorsque le pas de l'ami s'avançait nous le savions,
Nous ramassions aussi bien une fleur qu'un caillou poli,
Le temps où nous ne pouvions attraper la fumée,
Ah! c'est tout ce que nos mains sauraient saisir main-
    tenant. »

L'AME PROCHE

Mon âme suit mon corps,
— La nuit comme le jour
Elle n'a pas besoin
De soleil pour être ombre.
« Ame, que voulez-vous ?
Vous êtes là, tout près,
Féminine, exigeante
Et filtrant mes pensées
De votre jalousie.
Vous me bandez les yeux
D'un mouchoir funéraire
Quand c'est le tour du corps
D'aller et de venir,
De croiser les passants
Et de les regarder
D'oublier les lointains
Avec leur air déçu,
De toucher les objets
Si beaux, à force d'être
A portée de la main. »

Mes frères qui viendrez, vous vous direz un jour :
« Un poète prenait les mots de tous nos jours
Pour chasser sa tristesse avec une nouvelle
Tristesse infiniment plus triste et moins cruelle.
Il avait un visage, où l'air se reflétait,
— Passage des oiseaux, et dessous des forêts, —
Qui se reforme encor dans sa tâche profonde,
Et, nous aperçoit-il, abrité par ses vers,
Qu'il se console, avec nos visages divers,
        De n'être plus du monde. »

POUR UN POÈTE MORT

Donnez-lui vite une fourmi
Et si petite soit-elle,
Mais qu'elle soit bien à lui!
Il ne faut pas tromper un mort.
Donnez-la-lui, ou bien le bec d'une hirondelle,
Un bout d'herbe, un bout de Paris,
Il n'a plus qu'un grand vide à lui
Et comprend encor mal son sort.

A choisir il vous donne en échange
Des cadeaux plus obscurs que la main ne peut prendre :
Un reflet qui couche sous la neige,
Ou l'envers du plus haut des nuages,
Le silence au milieu du tapage,
Ou l'étoile que rien ne protège.
Tout cela il le nomme et le donne
Lui qui est sans un chien ni personne.

Elle n'est plus que du silence
Tremblant à la pointe d'un cil,
Son être tient dans une larme
Et voudrait que cela suffît.

Comprenez-vous qui je désigne
Et je redoute de nommer?

Je pense à la pauvre Marie
Sans corps maintenant et sans yeux
Réduite à ce point lumineux
Derrière quelles jalousies

De bois peint ni de fer non plus,
Mais de ciel pur, de modestie.

A RICARDO GÜIRALDES

Sur un banc de Buenos Aires, sur un sol très lisse et
    long qui était déjà de la plaine,
Et fumait de s'élancer dans toutes les directions,
Ils étaient assis, Ricardo Güiraldes et quelqu'un d'autre
    qui le voyait pour la première fois.
Et ce souvenir est comme le feu rouge d'une cigarette
    qui brille la nuit en plein ciel, on ne verrait rien
    d'autre.
(Pourtant la mort nous a encore rapprochés et c'est
    depuis lors que je le tutoie.)
Maintenant, Ricardo, nous sommes là quelques amis
    assemblés de l'autre côté du fleuve,
Comme un groupe d'astronomes qui complotent dans
    l'obscurité de converser avec une étoile très loin-
    taine,
Une étoile très distraite dont ils voudraient appeler
    l'attention et l'amitié,
Ils disposent leurs appareils, tournent d'étranges mani-
    velles,
Et voilà que l'on entend une musique délicate
Parce que nous te sommes soudain devenus trans-
    parents,

Sur notre vieille Terre qui tourne nuit et jour faisant
modestement son devoir,
Et nous te voyons installés dans ta flamme céleste,
Puisque tu peux désormais te faire une place raisonnable
même dans le feu
Ou au cœur d'un diamant où tu pourrais pénétrer
sans avoir à descendre de ton nouveau cheval.
Accueilleras-tu cette voix qui voudrait monter vers toi,
Toi qui ne respires plus qu'à la façon des étoiles et
avec leur complicité
Et te passes d'un corps comme d'un vêtement hors
d'usage
Mais ne peux t'empêcher de suivre le regard d'Adeline
sur tes manuscrits inachevés.

Le sillage

LE SILLAGE

On voyait le sillage et nullement la barque
Parce que le bonheur avait passé par là.

Ils s'étaient regardés dans le fond de leurs yeux
Apercevant enfin la clairière attendue

Où couraient de grands cerfs dans toute leur franchise.
Les chasseurs n'entraient pas dans ce pays sans larmes.

Ce fut le lendemain, après une nuit froide,
Qu'on reconnut en eux des noyés par amour

Mais ce que l'on pouvait prendre pour leur douleur
Nous faisait signe à tous de ne pas croire en elle.

Un peu de leur voilure errait encore en l'air
Toute seule, prenant le vent pour son plaisir,

Loin de la barque et des rames à la dérive.

LE DÉSIR

Quand les yeux du désir, plus sévères qu'un juge, vous
    disent d'approcher,
Que l'âme demeure effrayée
Par le corps aveugle qui la repousse et s'en va tout seul
Hors de ses draps comme un frère somnambule,
Quand le sang coule plus sombre de ses secrètes mon-
    tagnes,
Que le corps jusqu'aux cheveux n'est qu'une grande
    main inhumaine
Tâtonnante, même en plein jour...
Mais il est un autre corps,
Voici l'autre somnambule,
Ce sont deux têtes qui bourdonnent maintenant et se
    rapprochent,
Des torses nus sans mémoire cherchent à se comprendre
    dans l'ombre,
Et la muette de soie s'exprime par la plus grande douceur
Jusqu'au moment où les êtres
Sont déposés interdits sur des rivages différents.
Alors l'âme se retrouve dans le corps sans savoir
    comment
Et ils s'éloignent réconciliés, en se demandant des
    nouvelles.

LA RÊVERIE

Les femmes se donnaient, en passant, sur des tertres,
Chacune allait toujours vers de nouveaux miroirs,
Même l'homme loyal était sans souvenirs,
Les lettres s'effaçaient seules au tableau noir,
La mémoire dormait, ivre de rêverie,
Et voulait-on tenir la main de son amie
Que déjà l'on touchait une main étrangère,
Plus douce entre vos mains de ce qu'elle changeait,
Bougeait et devenait mille mains à venir.
L'on se voyait toujours pour la première fois,
Pour la dernière fois et pour les autres fois.
Même au fond du sommeil vous pressait l'avenir,
Et cherchait-on un peu de calme dans le ciel
Que sous vos yeux la nuit s'étoilait autrement,
Tant la distraction était son élément.
Les astres se trompaient dans leurs sources profondes
Et la Terre, sachant qu'elle n'était plus ronde,
En souffrait pour soi-même et pour l'honneur du ciel.

Je me souviens — lorsque je parle ainsi
Ah saura-t-on jamais qui se souvient
Dans tout ce chaud murmurant carrefour
Qui fait le cœur et lui donne son nom —
Je me souviens, c'était dans un pays
Qu'on aperçoit fort au sud sur les cartes,
Le ciel mouillait à tort et à travers
Le grand matin noir et plein d'innocence.
Je me souviens — cette fois je suis sûr
Que c'est bien moi qui hume ce temps-là —
Je vous trouvai durant une accalmie
Vous qui deviez devenir mon amie
Pendant vingt ans, et c'est encore vrai.

Il ne reste qu'un sein pur immobile en la mémoire
Et l'étreinte de bras nus colorés d'un jour ancien,
Une épaisseur de cheveux sur un front encore tiède,
Malgré le temps qui ne peut presque plus rien contre
lui.
Et ce souvenir divisé se raidit contre l'oubli
Au fond d'un silence absolu, seul gardien de ces parages.

Ce sont bien d'autres lèvres,
C'est un autre sourire
Si j'approche de vous.
Ah mon regard vous change
Vous rend méconnaissable
Même à vos familiers.
L'on s'étonne de vous
Au milieu de la pièce
Et prise alors de peur
Vous baissez les paupières
Sur des yeux inconnus.
De tremblants centimètres
Nous séparent à peine
Et je me sens aussi
Devenir étranger.
Il vous faut consentir
A me perdre à mon tour
Moi dont vous étiez sûre
Plus encor que de vous.
Et plus l'on se regarde
Plus vite l'on s'égare
Dans les sables de l'âme
Qui nous brûlent les yeux.

Et comme...... faisait le temps aussi...
Comme nous passions en bas de l'escalier

L'ESCALIER

Parce que l'escalier attirait à la ronde
Et qu'on ne l'approchait qu'avec les yeux fermés,
Que chaque jeune fille en gravissant les marches
Vieillissait de dix ans à chaque triste pas,
— Sa robe avec sa chair dans une même usure —
Et n'avait qu'un désir ayant vécu si vite
Se coucher pour mourir sur la dernière marche;
Parce que loin de là une fillette heureuse
Pour en avoir rêvé au fond d'un lit de bois
Devint, en une nuit, sculpture d'elle-même
Sans autre mouvement que celui de la pierre
Et qu'on la retrouva, rêve et sourire obscurs,
Tous deux pétrifiés mais simulant toujours...
Mais un jour l'on gravit les marches comme si
Rien que de naturel ne s'y était passé.
Des filles y mangeaient les claires mandarines
Sous les yeux des garçons qui les regardaient faire
L'escalier ignorait tout de son vieux pouvoir
Vous en souvenez-vous? Nous y fûmes ensemble
Et l'enfant qui venait avec nous le nomma.
C'était un nom hélas si proche du silence
Qu'en vain il essaya de nous le répéter

Et, confus, il cacha la tête dans ses larmes
Comme nous arrivions en haut de l'escalier.

Cette main sur la neige
Que fait-elle si seule
Et si désespérée
D'avoir à se suffire
Dans cette aridité.
L'on voit bouger ses doigts
De main abandonnée
Et pourtant elle est tiède
Comme pour d'autres mains.
Qu'espère-t-elle encore
Parmi cette chaleur
Qui ne peut plus s'éteindre
Et ne sait rien du cœur
Qui la lui a donnée?

L'AGE

Mains fraîches, et ces yeux si légers et couleur
    Des ruisseaux clairs que le ciel presse...
Ce que je nomme encore aujourd'hui ma jeunesse
Quand nul ne peut m'entendre et que même mon cœur
Plein de honte pour moi, fait le sourd, se dépêche,
    Me laisse sans chaleur.

AMOUR

Cette couleur c'était la couleur de vos yeux
Et cet air délicat c'était votre air aussi
Mais les chemins qui vont d'hier à aujourd'hui
Vous les foulez toujours de vos jeunes chevaux
Qui n'en finissent plus d'un galop toujours proche
De me venir dessus.

LE SOUVENIR

Quand nous tiendrons notre tête entre les mains
Dans un geste pierreux, gauchement immortel,
Non pas comme des Saints — comme de pauvres
    hommes —
Quand notre amour sera divisé par nos ombres,

Si jamais vous songez à moi j'en serai sûr
Dans ma tête où ne soufflera qu'un vent obscur :
Surtout ne croyez pas à de l'indifférence
Si je ne vous réponds qu'au moyen du silence.

Le spectateur

LE SPECTATEUR

Il faisait beau dans la chambre
Plus que sur toute la terre,
Sous les objets les plus proches
L'on décelait de la joie :
En déplaçant une étoffe
Il s'en échappait parfois,
Vite comme un oiseau-mouche
Dont se découvre le nid.
Le cœur ne vivait que d'une
Inquiétude adorée,
Il fallait chercher toujours,
Çà et là l'on furetait.
Rien de ce qui fait les bois
Les grottes ni les cascades
Ne manquait entre ces murs
Ni les profondeurs sauvages.
Les espaces du dehors
Pénétraient dans la demeure
S'assuraient de votre corps
Aux formes douces-amères.
Le ciel lui-même était là,
Et sa menace discrète,

L'on entendait sur sa tête
L'avertissement des sphères.
Mais pourquoi ne dire rien
De la femme de silence
Qui voulait vous ignorer
Seule au centre de la pièce
Et gardait sa voix secrète
Dans les globes de ses yeux ?
Vous étiez pourtant si plein
De déférence et de songe,
Gestes purs et circonspects
Comme un marcheur sur les flots,
Mais elle vous redoutait
Plus que les monstres nocturnes
Parce que, levant les yeux,
Vous supprimiez du regard
Toute la douceur du jour
Et bien que sa belle tête
De vous-même fût si proche
Elle savait accomplir
Entre sa vie et la vôtre
Des forêts et des ravines
Sans parler des marécages
Et autres terres mouvantes
Et votre vie s'écoulait,
A travers un grand silence,
De votre verre à la mer.

Ce fut alors que quelqu'un
Entra demandant à boire.
Il frappa sur une table
Que jamais nul n'avait vue

Et la femme, devenue
Servante, approcha de lui.
Elle était à demi nue
Pendant que l'on entendait
Hennir un cheval aux portes
Comme un orage tout proche
Et que les murs consistants
Ne laissaient plus rien passer
Non plus que les trois fenêtres
Empêchant le jour d'entrer.
Vous, vous aviez disparu
De la mémoire des hommes
Ne laissant derrière vous
Que votre portrait au mur,
Vivant, curieux de tout,
Et plus humain que nature,
Mais si craquelé, noirci
Par sa propre inquiétude
Que l'un y voit une tête
L'autre quelque paysage.
Ils discutaient devant vous
Qui ne pouviez pas bouger
L'âme prise en la peinture,
Ils s'éloignèrent enfin
Vous laissant à votre cadre
Et se mirent à jouer
Avec de nouvelles cartes.
Ce n'était trèfle ni cœur
Pique ni carreau non plus,
C'était le jeu de l'amour
Lorsque nous n'y serons plus.
Forcé à la patience
De ceux qui n'ont pas de bras

Vous n'aviez plus de pouvoir
Sur les hommes ni les femmes.
Vous étiez comme un pendu
Privé même de salive,
Un gros cordon vous fixait
A la cruelle solive,
Cependant qu'on abattait
Les cartes et les couleurs
Seul votre cadre savait
Que vous étiez spectateur.

Lumière humaine

SOLITUDE

Homme égaré dans les siècles,
Ne trouveras-tu jamais un contemporain?
Et celui-là qui s'avance derrière de hauts cactus
Il n'a pas l'âge de ton sang qui dévale de ses montagnes,
Il ne connaît pas les rivières où se trempe ton regard
Et comment savoir le chiffre de sa tête recéleuse?
Ah! tu aurais tant aimé les hommes de ton époque
Et tenir dans tes bras un enfant rieur de ce temps-là!
Mais sur ce versant de l'Espace
Tous les visages t'échappent comme l'eau et le sable
Tu ignores ce que connaissent même les insectes, les
    gouttes d'eau,
Ils trouvent incontinent à qui parler ou murmurer,
Mais à défaut d'un visage
Les étoiles comprennent ta langue
Et d'instant en instant, familières des distances,
Elles secondent ta pensée, lui fournissent des paroles,
Il suffit de prêter l'oreille lorsque se ferment les yeux.
Oh! je sais, je sais bien que tu aurais préféré
Être compris par le jour que l'on nomme *aujourd'hui*
A cause de sa franchise et de son air ressemblant
Et par ceux-là qui se disent sur la Terre tes semblables

Parce qu'ils n'ont pour s'exprimer du fond de leurs
  années-lumière
Que le scintillement d'un cœur
Obscur pour les autres hommes.

Protégeons de la main ta lumière, mon cœur
Qu'entourent sans merci les grands seigneurs du Vent
S'amusant à vouloir souffler cette bougie.
J'avance, malgré tout, au milieu de leurs rires
Et toujours espérant qu'ils m'oublieront un peu.

Au plus fort de ma nuit je me prouve mes forces.
Ce cheval qui s'élance est parti de mes yeux
Il ne reviendra plus au fond de mes paupières
Et, ne soupçonnant pas qui lui donna le jour,
Il cherche autour de lui, perdu dans son galop,

Mais il vit, voyez-le soulevant la poussière.

Plein de songe mon corps, plus d'un fanal s'allume
A mon bras, à mes pieds, au-dessus de ma tête.
Comme un lac qui reflète un mont jusqu'à sa pointe
Je sens la profondeur où baigne l'altitude
Et suis intimidé par les astres du ciel.

VIVRE ENCORE

Ce loup de l'an dernier c'est le vent d'aujourd'hui
Et qui saura jamais ce qu'il va devenir?
Nous couchons sur le vent comme des feuilles mortes
Nous avons à peine eu le temps de demander
Où nous allons ainsi dans cet air en désordre
Que déjà notre sang rougit l'herbe à nos pieds.
Et pourtant nous avions deviné la puissance
Autant que les troncs durs, instruits par les racines,
Qui nous voyaient tourner sans rien pouvoir nous dire.
Si cela s'appelait ne pas avoir vécu,
Si nous étions l'erreur de quelqu'un qui se noie
Et croit se voir courir sur le proche rivage...
Mais non, nous connaissions la grandeur chaleureuse
Si sûre de soi-même et de nos propres forces
Qu'elle riait ou bien se mettait en colère,
Nous marchions à son pas comme de vieux amis
Qui se prennent un peu le bras pour mieux s'entendre
Et préfèrent causer ainsi, sans se parler,
Pour que cette chaleur ne s'en aille en paroles.
Les villes et les bois nous regardaient passer,
Ils connaissaient fort bien les rapides oiseaux
Qui sur notre chemin nous servaient de pensées

Et qu'en vain des chasseurs suivaient de leur fusil.
Le plomb les traversait sans arrêter leur vol,
Ils vivaient au-delà de la vie et du sang...
Maintenant nous voici entourés d'oiseaux morts
Et les poussant du pied pour ne pas nous salir.

UN POÈTE

Je ne vais pas toujours seul au fond de moi-même
Et j'entraîne avec moi plus d'un être vivant.
Ceux qui seront entrés dans mes froides cavernes
Sont-ils sûrs d'en sortir même pour un moment?
J'entasse dans ma nuit, comme un vaisseau qui sombre,
Pêle-mêle, les passagers et les marins,
Et j'éteins la lumière aux yeux, dans les cabines,
Je me fais des amis des grandes profondeurs.

LE NUAGE

Il fut un temps où les ombres
A leur place véritable
N'obscurcissaient pas mes fables.
Mon cœur donnait sa lumière.

Mes yeux comprenaient la chaise de paille,
La table de bois,
Et mes mains ne rêvaient pas
Par la faute des dix doigts.

Écoute-moi, Capitaine de mon enfance,
Faisons comme avant,
Montons à bord de ma première barque
Qui passait la mer quand j'avais dix ans.

Elle ne prend pas l'eau du songe
Et sent sûrement le goudron,
Écoute, ce n'est plus que dans mes souvenirs
Que le bois est encor le bois, et le fer, dur,

Depuis longtemps, Capitaine,
Tout m'est nuage et j'en meurs.

Ma chambre

Mon cœur qui me réveille et voudrait me parler
Touche ma porte ainsi qu'un modeste étranger
Et reste devant moi ne sachant plus que dire :
« Va, je te reconnais, c'est bien toi, mon ami,
Ne cherche pas tes mots et ne t'excuse pas.
Au fond de notre nuit repartons dans nos bois,
La vie est alentour, il faut continuer
D'être un cœur de vivant guetté par le danger. »

Puisque je ne sais rien de notre vie
Que par ce peu d'herbage à la fenêtre
Ou par des oiseaux, toujours inconnus,
Que ce soit l'hirondelle, l'alouette,
Retournons-en au milieu de ma nuit,
Ma plume y met de lointaines lumières,
J'ai ma Grande Ourse, aussi ma Bételgeuse,
Et ce qu'il faut de ciel d'elles à moi
Sous le plafond de ma chambre suiveuse
Qui marche seule à mon pas, quand tout dort.

La lampe rêvait tout haut qu'elle était l'obscurité
Et répandait alentour des ténèbres nuancées,
Le papier se brunissait sous son regard apaisé,
Les murs veillaient assourdis l'intimité sans limites.
S'il vous arrivait d'ouvrir des livres sur des rayons
Voilà qu'ils apparaissaient avec leur texte changé,
Et l'on voyait çà et là luire des mots chuchotants.
Vous déceliez votre nom en désarroi dans le texte
Et cependant que tombait une petite pluie d'ombres
Métamorphosant les mots sous un acide inconnu,
Un dormeur rêvait tout bas près de sa lampe allumée.

Et les objets se mirent à sourire,
L'armoire à glace avait un air très entendu,
Et le fauteuil feignait d'en savoir long
Sur nos quatre saisons et sur la sienne seule
(Elle ignore le gel et les ardeurs solaires).

Le robinet riait dans sa barbe bruyante,
La corbeille à papiers lisait des bouts de lettres
Dès qu'on avait le dos tourné
Et j'étais un objet méditant parmi d'autres
(Oubliant que naguère encor j'étais un homme).

LES CAVALIERS

Tout ce qui fait les bois, les rivières ou l'air
A place entre ces murs qui croient fermer ma chambre.
Accourez, cavaliers qui traversez les mers,
Je n'ai qu'un toit de ciel, vous aurez de la place,

Vous entrerez ici sans la moindre mouillure.
Avez-vous traversé les siècles ou les mers ?
Et nous nous parlerons dans une langue sûre
Qui n'est pas le français ni langue d'outremer.

Venez-vous de si loin ou bien de mon désir ?
C'est ce que nous saurons lorsque vous entrerez,
Si vous venez de loin vous me regarderez,
Sinon, je ne verrai que de hautes paupières.

PORTES

Vie humaine toujours avec ton histoire de portes,
Celle-ci ferme du dedans, il faut la forcer pour ouvrir
    La poussez-vous toute grande?
    Vous entendez une voix
    Dans cette chambre sans meubles :
    « Ici personne n'habite,
    D'ailleurs vous le savez bien.
    Refermez donc cette porte
    Afin que les choses soient
    Comme si vous n'étiez point.
    Tant que vous regarderez
    Il ne se passera rien,
    Laissez l'air et le silence
    Faire leur travail sans mains,
    Cherchez ailleurs votre place,
    Il n'est rien ici d'humain,
    Même la voix qui vous parle
    N'est voix que pour votre oreille
    Et si l'on ferme la porte
    Aussitôt elle s'éteint. »

LA DEMEURE ENTOURÉE

Le corps de la montagne hésite à ma fenêtre :
« Comment peut-on entrer si l'on est la montagne,
Si l'on est en hauteur, avec roches, cailloux,
Un morceau de la Terre, altéré par le Ciel ? »
Le feuillage des bois entoure ma maison :
« Les bois ont-ils leur mot à dire là-dedans ?
Notre monde branchu, notre monde feuillu
Que peut-il dans la chambre où siège ce lit blanc,
Près de ce chandelier qui brûle par le haut,
Et devant cette fleur qui trempe dans un verre ?
Que peut-il pour cet homme et son bras replié,
Cette main écrivant entre ces quatre murs ?
Prenons avis de nos racines délicates,
Il ne nous a pas vus, il cherche au fond de lui
Des arbres différents qui comprennent sa langue. »
Et la rivière dit : « Je ne veux rien savoir,
Je coule pour moi seule et j'ignore les hommes.
Je ne suis jamais là où l'on croit me trouver
Et vais me devançant, crainte de m'attarder.
Tant pis pour ces gens-là qui s'en vont sur leurs jambes.
Ils partent, et toujours reviennent sur leurs pas. »
Mais l'étoile se dit : « Je tremble au bout d'un fil.
Si nul ne pense à moi je cesse d'exister. »

LE POIDS D'UNE JOURNÉE

Solitude, tu viens armée d'êtres sans fin dans ma propre
    chambre :
Il pleut sur le manteau de celui-ci, il neige sur celui-là
    et cet autre est éclairé par le soleil de Juillet.
Ils sortent de partout. « Écoutez-moi ! Écoutez-
    moi ! »
Et chacun voudrait en dire un peu plus que l'autre.
Il en est qui cherchent un frère disparu, d'autres, leur
    maîtresse, leurs enfants.
« Je ne puis rien faire pour vous. »
Ils ont tous un mot à dire avant de disparaître :
« Écoutez-moi, puisque je vous dis que je m'en irai
    aussitôt après. »
Ils me font signe de m'asseoir pour que l'entretien
    soit plus long.
« Puisque je vous dis que je ne puis rien faire pour
    vous,
Fantômes pour les yeux et pour les oreilles ! »
Il y a cet inconnu qui me demande pardon et disparaît
    sans que je connaisse son crime,
Cette jeune fille qui a traversé des bois qui ne sont pas
    de nos pays,

Cette vieille femme qui me demande conseil. « Conseil
    à quel sujet ? »
Elle ne veut rien ajouter et se retire indignée.

Maintenant il n'y a plus dans la chambre que ma table
    allongée, mes livres, mes papiers.
Ma lampe éclaire une tête, des mains humaines,
Et mes lèvres se mettent à rêver pour leur propre compte
    comme des orphelines.

Les animaux invisibles

LE CHIEN

Toi, toujours entouré d'animaux invisibles,
Voici le chien qui t'a vu sous d'autres climats
Et te lèche la main comme en Sud-Amérique :
« Tu te trompes, bon chien, ces temps sont révolus
Et c'est peine perdue de vouloir vivre encore. »

LES SUIVEURS

La chèvre suit le cheval
Et le chien-loup suit la chèvre.
Le poète dans son ombre
Porte chèvre, chien, cheval
Et deux ou trois animaux
Qui n'ont pas encor de nom
Attendant pour prendre corps
Que souffle un vent favorable.

LES POISSONS

Mémoire des poissons dans les criques profondes,
Que puis-je faire ici de vos lents souvenirs,
Je ne sais rien de vous qu'un peu d'écume et d'ombre
Et qu'un jour, comme moi, il vous faudra mourir.

Alors que venez-vous interroger mes rêves
Comme si je pouvais vous être de secours?
Allez en mer, laissez-moi sur ma terre sèche
Nous ne sommes pas faits pour mélanger nos jours.

L'ANTILOPE

L'antilope a la tête si fine
Dans le jour lumineux qui s'attarde
Qu'elle emporte du ciel à ses cornes
Et de loin les fauves la regardent.
Le lion, le premier, s'en effraie,
Il s'efface aux toisons des forêts,
L'antilope est bien trop protégée
Par ce peu de merveille à sa tête,
Elle avance et plus d'un veut la voir,
Les oiseaux de nuit, honteux le jour,
Fuient soudain vers leurs grosses ténèbres,
Le serpent qui mordait les enfants
Se morfond de n'être qu'un serpent,
L'antilope avance vers le tigre,
Le rassure et lui rend l'équilibre
Puis, fuyant de faciles victoires,
Choisit l'air pour y porter ses pas.

LA VILLE DES ANIMAUX

S'ouvre la porte, entre une biche,
Mais cela se passe très loin,
N'approchons pas de ce terrain,
Évitons un sol évasif.

C'est la ville des animaux
Ici les humains n'entrent guère.
Griffes de tigre, soies de porc
Brillent dans l'ombre, délibèrent.

N'essayons pas d'y pénétrer
Nous qui cachons plus d'une bête,
Poissons, iguanes, éperviers,
Qui voudraient tous montrer la tête

Nous en sortirions en traînant
Un air tigré, une nageoire,
Ou la trompe d'un éléphant
Qui nous demanderait à boire.

Notre âme nous serait ravie
Et la douceur de notre corps.
Il faudrait, toute notre vie,
Pleurer en nous un homme mort.

Il ne
Ou ell ne
Et qui se donnera forme de silence

Le miroir intérieur

TOUJOURS SANS TITRE

N'approchez pas, le visage s'efface,
Il ne saurait vivre que loin de vous
Ou tout au moins à distance choisie.
Et l'on n'entend qu'une voix appauvrie :
« Rien n'est pour moi, je veux dire pour nous,
Mais bien plutôt pour l'âme et son repos
Qui prennent tout et nous laissent sans feux
Et sans amis au plus fort de l'hiver.
Ils sont partis, le triste avec le drôle
Et le tardif, le mou, le volontaire,
Laissant en nous cette ombre qui s'allonge
Et toujours prête à changer de mystère.
Tout s'y reporte et cherche une autre forme :
C'est la brebis, sa tête entre vos mains,
Elle devient devant vous une femme
Que vous aviez longuement oubliée,
Et c'est la nuit proche qui se ramasse
Pour venir boire à votre verre d'eau.
« Où est mon verre ? ah je le croyais plein. »
C'est le papier qui de lui-même efface
Le mot qui vient toujours obscur pour lui
Et vous pensiez avoir longtemps écrit,

Il n'en resta que cette page blanche
Où nul ne lit, où chacun pense lire,
Et qui se donne à force de silence.

L'ERRANT

J'ai tant de fois, hélas, changé de ciel,
Changé d'horreur et changé de visage,
Que je ne comprends plus mon propre cœur
Toujours réduit à son même carnage.

LUI SEUL

Si vous touchez sa main c'est bien sans le savoir,
Vous vous le rappelez mais sous un autre nom,
Au milieu de la nuit, au plus fort du sommeil,
Vous dites son vrai nom et le faites asseoir.

Un jour on frappe et je devine que c'est lui
Qui s'en vient près de nous à n'importe quelle heure
Et vous le regardez avec un tel oubli
Qu'il s'en retourne au loin mais en laissant derrière

Une porte vivante et pâle comme lui.

Étranger à l'affût et parfois loin de moi
Te voici là tout près, sans violence et sans voix,
Mais comment aujourd'hui ne pas te reconnaître,
D'autant plus toi que tu fus long à m'apparaître,
Et, dans un même temps, allongé sur mon lit
Debout près de l'armoire et sur la chaise assis,
Épousant le contour de l'air et de ses fables,
Tu caches en plein jour tes ailes redoutables.

Ce bruit de la mer qui rôde et poursuit
Il le connaît bien l'arbre à chevelure
Et le cheval vient y boire la nuit
Allongeant le cou comme pour l'eau pure.

Il faut lui donner ton humain visage
Si pâle au sortir de mille ténèbres,
Comme après avoir traversé les âges
Vient mourir un rêve au bout de nos lèvres.

« Quand le soleil... — Mais le soleil qu'en faites-vous ?
Du pain pour chaque jour, l'angoisse pour la nuit.
— Quand le soleil... — Mais à la fin vous tairez-vous,
C'est trop grand et trop loin pour l'homme des maisons.
— Ce bruit de voix... — Ou bien plutôt bruit de visages,
On les entend toujours et même s'ils se taisent.
— Mais le silence... — Il n'en est pas autour de vous,
Tout fait son bruit distinct pour l'oreille de l'âme.
Ne cherchez plus. — Et pourrais-je ne pas chercher,
Je suis tout yeux comme un renard dans le danger.
— Laissons cela, vous êtes si près de vous-même
Que désormais rien ne pourrait vous arriver,
Rassurez-vous, il fait un petit vent de songe
Et l'étrange miroir luit presque familier. »

ALTER EGO

Une souris s'échappe
(Ce n'en était pas une)
Une femme s'éveille
(Comment le savez-vous?)
Et la porte qui grince
(On l'huila ce matin)
Près du mur de clôture
(Le mur n'existe plus)
Ah! je ne puis rien dire
(Eh bien, vous vous tairez!)
Je ne puis pas bouger
(Vous marchez sur la route)
Où allons-nous ainsi?
(C'est moi qui le demande)
Je suis seul sur la Terre
(Je suis là près de vous)
Peut-on être si seul
(Je le suis plus que vous,
Je vois votre visage
Nul ne m'a jamais vu).

NAUFRAGE

Une table tout près, une lampe très loin
Qui dans l'air irrité ne peuvent se rejoindre,
Et jusqu'à l'horizon une plage déserte.
«Un homme à la mer lève un bras, crie : « Au secours !
Et l'écho lui répond : « Qu'entendez-vous par là ? »

Visages de la rue, quelle phrase indécise
Écrivez-vous ainsi pour toujours l'effacer
Et faut-il que toujours soit à recommencer
Ce que vous essayez de dire ou de mieux dire?

Ainsi parlait je sais bien qui
Mais il ne veut pas qu'on le nomme.
Parfois je ne connais que lui
Et parfois je suis étonné
Derrière mon humain abri
D'avoir tant oublié cet homme.

Son front est-il fait de la sorte,
Et ses yeux de telle couleur?
Je ne saurais trop vous le dire
Mais quand se défait son dessin
Je connais de l'intérieur
Ce qui l'apaise ou le déchire.

Nous sommes deux, nous sommes un,
Nos pas s'embrouillent, et nos cœurs.
Nous avons même vêtement
Quand nous allons chemin faisant
Sur la route qui sort de nous
La seule que nous puissions suivre.

LE MONDE EN NOUS

Chaque objet séparé de son bruit, de son poids,
Toujours dans sa couleur, sa raison et sa race,
Et juste ce qu'il faut de lumière, d'espace
Pour que tout soit agile et content de son sort.
Et cela vit, respire et chante avec moi-même
— Les objets inhumains comme les familiers —
Et nourri de mon sang s'abrite à sa chaleur.
La montagne voisine un jour avec la lampe,
Laquelle luit, laquelle en moi est la plus grande ?
Ah ! je ne sais plus rien si je rouvre les yeux,
Ma science gît en moi derrière mes paupières
Et je n'en sais pas plus que mon sang ténébreux.

Espions de l'au-delà
Vous êtes parmi nous
A surveiller nos gestes
Et la joie de nos cœurs
Vous nous voulez toujours
Sombres, humiliés,
Ne vous suffit-il pas
D'un regard, fixement,
Pour nous rendre semblables
A vos souhaits cruels?

UN PEINTRE

Il vous dira le jour
Toujours entre deux nuits
Avec des fleurs coupées
Par de claires épées,

Une seule bougie
Éclairant des cerises
Et un papier plié
Par le poids d'un secret,

Sur un fond de feuillage
Bien fait pour épier
D'un regard végétal
Votre propre mystère.

Le matin et les arbres

MATIN

Quand le paquebot Terre, un à un ses hublots
S'ouvrant, livre passage aux oiseaux familiers,
Ces bras blancs qui saluent le jour comme leur frère,
Nous croyons voir entrer le meilleur de nous-mêmes
Avec les premiers pas du soleil réveillé.
Est-ce là devant nous les arbres du printemps
Ou bien la vague haute et chercheuse d'écume?
Il est encor trop tôt pour comprendre et savoir,
Le regard est grevé d'un peu d'obscurité.
Contentons-nous d'être un vivant un jour de plus,
D'entendre en nous ce cœur qui ne s'est pas couché
Et peine nuit et jour dans d'égales ténèbres
Pour préparer un peu de ce qu'il croit bonheur.
Et nous le laisserons croire parce qu'il faut
Que le mensonge aussi soit au fond de nous-mêmes
Pendant que le soleil feint de monter au ciel
Et toujours nous attrape avec sa même ruse.

L'ARBRE

Il y avait autrefois de l'affection, de tendres sentiments,
C'est devenu du bois.
Il y avait une grande politesse de paroles,
C'est du bois maintenant, des ramilles, du feuillage.
Il y avait de jolis habits autour d'un cœur d'amoureuse
Ou d'amoureux, oui, quel était le sexe?
C'est devenu du bois sans intentions apparentes
Et si l'on coupe une branche et qu'on regarde la fibre
Elle reste muette
Du moins pour les oreilles humaines,
Pas un seul mot n'en sort mais un silence sans nuances
Vient des fibrilles de toute sorte où passe une petite
    fourmi.

Comme il se contorsionne l'arbre, comme il va dans tous
    les sens,
Tout en restant immobile!
Et par là-dessus le vent essaie de le mettre en route,
Il voudrait en faire une espèce d'oiseau bien plus grand
    que nature
Parmi les autres oiseaux

Mais lui ne fait pas attention,
Il faut savoir être un arbre durant les quatre saisons,
Et regarder, pour mieux se taire,
Écouter les paroles des hommes et ne jamais répondre,
Il faut savoir être tout entier dans une feuille
Et la voir qui s'envole.

Pour chanter avec les fleuves
Il fallait une autre voix,
Avec le flot des cascades
Ce ne pouvait être toi.

Tu chantes avec toi-même
Dans des cavernes profondes,
L'oublierais-tu un instant
Tu tomberais raide mort.

L'aveugle quand il est sage
S'il ouvre les yeux tout grands
C'est pour mieux voir au-dedans,
Pardonne-lui son visage
C'est le tien en ce moment.

FAIRE PLACE

Disparais un instant, fais place au paysage,
Le jardin sera beau comme avant le déluge,
Sans hommes, le cactus redevient végétal,
Et tu n'as rien à voir aux racines qui cherchent
Ce qui t'échappera, même les yeux fermés.
Laisse l'herbe pousser en dehors de ton songe
Et puis tu reviendras voir ce qui s'est passé.

Visite de la nuit

Terrasse ou balcon, je posai le pied
A la place exacte où l'on sait toute chose,

J'attendis longtemps, gêné par mon corps,
Il faisait grand jour et l'on approchait.

C'était bien la Nuit convertie en femme,
Tremblante au soleil comme une perdrix,

Si peu faite encore à son enveloppe
Toute errante en soi, même dans son cœur.

Quand il m'arrivait de faire des signes
Elle regardait mais voyait ailleurs.

Je ne bougeais plus pour mieux la convaincre
Mais aucun silence ne lui parvenait.

Ses gestes obscurs comme ses murmures
Toujours me voulaient d'un autre côté.

Quand baissa le jour, d'un pas très humain
A jamais déçu, elle s'éloigna.

Elle rejoignit au bout de la rue
Son vertige ardent, sa forme espacée.

Comme chaque nuit elle s'étoila
De ses milliers d'yeux dont aucun ne voit.

Et depuis ce jour je cède à mes ombres.

Attendre que la Nuit, toujours reconnaissable
A sa grande altitude où n'atteint pas le vent,
    Mais le malheur des hommes,
Vienne allumer ses feux intimes et tremblants
Et dépose sans bruit ses barques de pêcheurs,
Ses lanternes de bord que le ciel a bercées,
Ses filets étoilés dans notre âme élargie,
Attendre qu'elle trouve en nous sa confidente
Grâce à mille reflets et secrets mouvements
Et qu'elle nous attire à ses mains de fourrure,
Nous les enfants perdus maltraités par le jour
    Et la grande lumière,
Ramassés par la Nuit poreuse et pénétrante,
Plus sûre qu'un lit sûr sous un toit familier,
C'est l'abri murmurant qui nous tient compagnie,
C'est la couche où poser la tête qui déjà
    Commence à graviter,
A s'étoiler en nous, à trouver son chemin.

Le temps d'un peu

Que voulez-vous que je fasse du monde
Puisque si tôt il m'en faudra partir.
Le temps d'un peu saluer à la ronde,
De regarder ce qui reste à finir,
Le temps de voir entrer une ou deux femmes
Et leur jeunesse où nous ne serons pas
Et c'est déjà l'affaire de nos âmes.
Le corps sera mort de son embarras.

LE TAPIS VERT

Je touche par la bande
La blanche de tristesse
Quand je voulais atteindre
L'autre boule d'ivoire.

Des visages grossiers
Regardent le trajet
De cette gaucherie.
« Quel est donc celui-là
Qui n'en manque pas une
Et ne sait pas jouer
A nos boules d'ivoire ?
Il regarde ahuri
Le tapis vert sans herbe,
Espérant que peut-être
C'est affaire de temps. »
Et les voilà riant
D'un rire épais et rance
Qui cherchait une issue
Dans leurs bouches mauvaises.
Et je voudrais pouvoir

Éviter leurs regards
Et regarder ailleurs
Mais il n'est pas d'*ailleurs*
Nulle part sur la Terre.
Je les trouve installés
Et se mettant à l'aise
Dans le fond de mon cœur,
Devenus minuscules,
En manches de chemise,
Ils boivent de la bière,
Et s'essuient la moustache
D'un revers de la main.

LA VIE ET L'ŒUVRE DE JULES SUPERVIELLE

Jules Supervielle est né à Montevideo le 16 janvier 1884. Son père était béarnais, sa mère originaire du pays basque. Ils s'étaient expatriés pour fonder une banque. L'enfant n'avait que huit mois lorsqu'il vint au pays, Oloron-Sainte-Marie, amené par ses parents qui moururent, empoisonnés par de l'eau corrompue, à une semaine d'intervalle.

Élevé pendant deux ans par sa grand-mère, l'enfant l'est ensuite par son oncle et sa tante en Amérique du Sud où il connaît une enfance heureuse à la banque qu'avaient fondée ses parents (jusqu'à l'âge de neuf ans, il prendra son oncle et sa tante pour son père et sa mère, et les enfants de ceux-là pour ses frères et sœurs).

En 1894, après son retour en France, Supervielle entre en sixième classique au lycée Janson-de-Sailly. Il compose ses premiers poèmes à partir de 1899. De dix-sept à dix-neuf ans, il retourne chaque année en Amérique du Sud pendant les vacances.

Le jeune homme publie en 1900 une première plaquette de vers *Brumes du passé*, puis il accomplit son service militaire sans pouvoir s'habituer à la rudesse des tâches. A l'issue de cette mauvaise période, Supervielle obtient sa licence ès lettres et étudie le droit et les langues. Déjà, il connaît sa véritable vocation. A vingt-trois ans, il épouse, en Uruguay, Pilar Saavedra qui lui donnera l'équilibre dont sa nature délicate avait besoin, et six enfants.

Après avoir publié un second recueil en 1910, *Comme des voiliers*, il s'installe boulevard Lannes. Mais la guerre survient et il est mobilisé à l'Intendance puis au Deuxième Bureau. Entre les deux guerres, c'est une vie heureuse et sans histoires. Tous les quatre ou cinq ans, il fait un voyage en Uruguay où il se retrempe l'âme. Ses poèmes sont remarqués par Gide et Valéry. Jacques Rivière le publie à *La Nouvelle Revue française*. Jean Paulhan lui offre son amitié. Il se lie avec de plus en plus d'écrivains : Michaux, Arland, Étiemble. On le voit souvent à Pontigny et à Royaumont.

Il quitte le boulevard Lannes pour la rue de la Faisanderie, puis le boulevard Beauséjour. C'est toujours le bonheur familial, et la santé délicate : il vit pour sa femme, ses enfants, son œuvre et ses amis. Le 2 août 1939, il s'embarque et la guerre le surprend en Uruguay : il y restera jusqu'en 1946, collaborant aux revues éditées par la France libre, à *Lettres françaises* en Argentine, à *Valeurs* en Égypte.

Après la guerre et le retour à Paris, les honneurs lui viendront en nombre sans altérer sa simplicité. Jusqu'à sa mort, la source poétique coulera toujours avec autant de limpidité.

Il meurt à Paris le 17 mai 1960.

I. POÉSIE

1900 *Brumes du passé*, plaquette de vers, 28 p. sans nom d'éditeur
1910 *Comme des voiliers*, Collection de La Poétique, Paris.
1919 *Les Poèmes de l'humour triste*, Bernouard.
      *Poèmes, Voyage en soi, Paysages, Les Poèmes de l'humour triste,
      Le Goyavier authentique*, Figuière.
1922 *Débarcadères, La Pampa, Une Paillotte au Paraguay, Distances,
      Flotteurs d'alarme*, Éditions de la *Revue d'Amérique latine*.
1925 *Gravitations*, N.R.F.
1927 *Oloron-Sainte-Marie*, Éditions des Cahiers du Sud, Marseille.
1928 *Saisir*, N.R.F.
1930 *Le Forçat innocent*, N.R.F.
1934 *Les Amis inconnus*, N.R.F.
1938 *La Fable du monde*, N.R.F.
1941 *Poèmes de la France malheureuse*, Buenos Aires.
1946 *1939-1945. Poèmes*, Gallimard.
      18 Poèmes, Seghers.
1947 *A la nuit*, Éditions de la Baconnière et Éditions du Seuil.
1949 *Oublieuse mémoire*, Gallimard.
1951 *Naissances*, Gallimard.
1956 *L'Escalier* suivi de *A la nuit, Débarcadères, Les Poèmes de
      l'humour triste*, Gallimard.
1959 *Le Corps tragique*, Gallimard.

II. ROMANS ET CONTES

III. THÉATRE

LE FORÇAT INNOCENT

LES AMIS INCONNUS

Ce volume,
le quarante et unième de la collection Poésie,
a été achevé d'imprimer sur les presses
de l'Imprimerie Bussière à Saint-Amand (Cher),
le 11 décembre 1995.
Dépôt légal : décembre 1995.
1ᵉʳ dépôt légal dans la collection : février 1969.
Numéro d'imprimeur : 2938.
ISBN 2-07-030266-0./Imprimé en France.